スガノミクス

菅政権が確実に変える日本国のかたち

内閣官房参与
髙橋洋一・原 英史

白秋社

まえがき――「大阪都構想」に見る守旧派の手口

本書は髙橋洋一《たかはしよういち》と原英史《はらえいじ》が共同執筆したものである。私たちはそれぞれ、財務省と経済産業省に在籍していた官僚だった。現在は株式会社政策工房の会長と社長として、具体的な政策プランや法案を政治家や国民に示し、コンサルティングを行っている。

そして、主に財政や金融の分野は髙橋が、そして電波、メディア、医療、教育、エネルギー分野の規制改革、そして公務員制度改革の分野は原が中心になってまとめた。

そんな私たち二人が密接な関わりを持ったのは、第一次安倍晋三《あべしんぞう》政権での公務員制度改革で、担当大臣の渡辺喜美《わたなべよしみ》氏のスタッフとなったときである。

その前にも、はるか以前の平成初期に、財務省と経済産業省の権限争いの場面で、互いに担当者として丁々発止《ちょうちょうはっし》のやり取りをした経験がある。しかし、こうした省庁の権限争いに多大なエネルギーを費やすことが国民の幸福につながるのかどうか、当時から二人とも疑問を持っていた。

そのため、役所を辞したあとは、官僚時代の問題意識を維持しながら、在野からの提言を行ってきた。そうした成果が評価されたのか、髙橋は、二〇二〇年に首相の座に就いた菅義偉《すがよしひで》氏から内閣官房参与として招かれた。光栄の極みである。この一事だけを取ってみても、菅氏の既得権の打破と行政改革に対する真剣度が窺《うかが》われると思う。

そして、これから述べる菅政権が行うであろう九つの改革を、経済関係の施策に限定せず、「スガノミクス」と称したい。本書では、長期政権が予想される菅氏が、その手で作ろうとしている「日本国のかたち」を、九つの改革を紹介しながら、お示ししていくつもりだ。

さて本書の主題にも密接に関係することが、校正中の二〇二〇年一一月一日、日本国民が注視するなかで行われた。「大阪都構想」に対する住民投票である。結果は、賛成六七万五八二九票、反対六九万二九九六票と、僅差《きんさ》ではあるが反対多数になり、この構想は否決された。五年前の二〇一五年五月に行われた住民投票と同様の結果となり、これで二回目の否決だ。

二〇二〇年のケースでは、前回は反対した公明党が賛成に回った。が、それでも賛成票は伸びなかった。すると松井《まつい》一郎《いちろう》市長は、約束通り、政界引退を表明した。

これをどのように解釈したらいいのか？　二重行政に関しては否定的な思いが市井《しせい》にはありつつも、「大阪市」は現在のまま残しておいてほしいということなのか？　もちろん、大阪市民の判断だから尊重しなければならないが。

それよりも、このときの住民投票の過程で、看過できない事態が起こったことを指摘したい。それは「大阪都構想二一八億円問題」だ。

投票戦も大詰めになった一〇月二三日、あるテレビ局での政治家討論において、山中智子《やまなかともこ》市議（共産党）が松井一郎大阪市長に対し、「大阪都構想実現で行政コストが二一八億円増加する試算がある」と発言した。このとき松井市長は「誰の試算なのか」と聞き返したが、山中市議は「財政に詳しい人」とはぐらかした。

するど翌週、投票日の六日前、一〇月二六日の毎日新聞の一面に「市四分割　コスト二一八億円増　大阪市財政局が試算」という記事が出た。「大阪市を四つの自治体に分割した場合」という書き出しで、総務省が規定する「基準財政需要額」がどうなるか、という記事だった。

この記事はＮＨＫと朝日新聞によって追随され、広く流布《るふ》された。これらの記事は、自民党、共産党、学者らの都構想反対派に利用された。「大阪都構想」によって大阪府の財政がコストアップになると吹聴《ふいちょう》されたのだ。関係者の話によれば、この記事によって大阪都構想への反対が、急速に増えた。

一〇月二七日、大阪市財政局長が記者会見を行った。「コスト二一八億円増」とは、報道機関の求めに応じた機械的試算の結果だと釈明したのだ。ただ、「大阪府の四分割」とは、「四つの政令市に分割」した場合だとした。

このとき松井市長は、「この試算は自分の知らないところで行われ、報道機関に伝えられたものだ」と発言。追随したＮＨＫと朝日新聞は、分割を「四つの特別区」と報じたために誤報となり、のちに小さく訂正した。

続く二九日、大阪市財政局長が再び記者会見し、「このときの試算は捏造《ねつぞう》試算だと松井市長からいわれた」と謝罪した。しかし、はじめに報じた毎日新聞は、「四つの自治体」と報道したことなどに対し、記事の訂正や謝罪は行わなかった。

そのため日本維新の会の馬場《ばば》伸幸《のぶゆき》幹事長は、二九日の衆議院本会議の代表質問で、毎日新聞の報道を「誤情報」と批判した。

毎日新聞の報道については、まず手続き論として、松井市長の知らないところで、財政局長の独断で、報道機関に試算が伝えられていたことが大問題だ。それどころか、この時期にやること自体、信じがたい暴挙である。

しかも、そもそも「基準財政需要額」は実際の行政コストとは無関係のもので、「基準財政需要額によって行政コストがアップする」というのは適切ではない。単なるイメージ操作でしかないのだ。

さらに、「政令市を政令市に分割する」のであれば、地方財政に関与した者からすれば、基準財政需要額が増えるのは常識だ。というのも、政令市であれば、人口が減少すると固定費が増加して補正係数をかける。当然、合算すれば、基準財政需要額は増える。

そのうえ、「政令市を特別区に分割する」場合は基準財政需要額が同じになることも、地方交付税法第二一条の特例規定をよく理解している者からすれば、常識だ。

こうした地方財政の常識から、私たちは、一〇月二六日の毎日新聞の報道を見て、有権者を惑わす酷いミスリーディングだと、即座に思った。このような報道を鵜呑《うの》みにして、大阪都構想がコストアップになると思った有権者は少なくないだろう。

この報道を拡散した大阪都構想反対派の人たちは、地方財政の知識がまったくないのか、確信犯的なのか、そのどちらかだ。

特に、数字を捏造したともいえる大阪市の役人は、許されるだろうか。このタイミングで、松井市長に知らせもせず、大阪都構想とはまったく関係のない数字を出した責任は大きい。

しかも、大阪都構想を担当しているのであれば、大阪市を政令市に分割するという案は素朴なものなので、かなり初期の段階で検討し、構図は十分に理解していたはずだ。市役所の担当者であれば、政令市分割が既に検討済みであり、「大阪都構想」とはまったく無関係であることを、知らぬはずがない。

ゆえに、私たちにいわせれば、「大阪都構想」を阻止するための行動だったとしか思えない。すなわち、自民党と共産党が共闘し、大阪市の役人がお先棒を担いで「大阪都構想」を阻止しようとする背景には、巨大な「既得権」が存在するのだ――。

ちなみに、こうした事情をよく知る元大阪市長の橋下徹《はしもととおる》氏は、「大阪都構想」で大阪市役所がなくなると困る「役所のクーデター」である、とツイートしていた。

そして、こうした既得権を国民の面前に炙《あぶ》り出そうとしているのが、菅義偉首相なのである。

実は、この「大阪都構想」は、菅政権の政策を推進するためには、きわめて重要な政治イベントだった。というのも、菅首相は自民党内の派閥に属していない。が、公明党と日本維新の会には密接なパイプがある。その公明党と日本維新の会が推していたのが、「大阪都構想」だったのである。

本書では、「大阪都構想」の住民投票に絡《から》んで現出されたような、すなわち既得権を守って甘い汁を吸おうとする人たちを、具体的に、白日《はくじつ》のもとに晒《さら》していく。菅政権の前には、幾重にも張り巡らされた守旧派たちの罠《わな》がある。

そのため私たちは、財務省と経済産業省での勤務やその後の活動で得た知見をもとに国民に対し少しでも多くの情報を示し、菅首相の推し進める政策、すなわち「スガノミクス」に対し援護射撃を行っていくつもりだ。本書はその嚆矢《こうし》となる。そして、「スガノミクス」が創る二〇二五年の国家像をイメージできるように示す。

なお、本書に登場する人物の肩書は当時のものとさせていただいた。また、歴史上の人物などは敬称を略させていただいたケースがある。そして、一ドルは一〇五円で計算させていただいた。

コロナ禍の冬に

髙橋洋一《たかはしよういち》
原《はら》　英史《えいじ》

目次◎スガノミクス

菅政権が確実に変える日本国のかたち

序章　日本の財政危機は虚構である

第1章

新・利権トライアングルを倒し岩盤規制撤廃

第2章 内閣人事局の破壊力

第3章

日本独特のメディアと電波の罠

第4章　日本が完全に甦るデジタル教育

第5章 オンライン診療を厚労省から守れ

第6章 マイナンバーと行政オンライン化で縦割り打破

第7章 全国の地銀が一つになる日

第8章 岩盤規制を壊せば労働生産性は急上昇

第9章 再生エネルギーと脱炭素で世界を救う

終章 新聞と国会議員のファクトチェック

スガノミクス

菅政権が確実に変える日本国のかたち

序章

日本の財政危機は虚構である

＊本章は髙橋洋一が担当しました。

日本国の借金一〇〇〇兆円の大嘘

菅義偉首相は経済政策について「アベノミクスを継承する」としたうえで、「デジタル庁」創設、地方銀行の再編、ふるさと納税の推進、携帯電話料金の引き下げなど、独自色も出している。新型コロナウイルス感染症による不況への対応は待ったなしだが、菅首相は「スガノミクス」で日本経済を復活させることはできるだろうか。

まず、菅首相が安倍晋三政権の政策を継承するとしているのはいいことだ。そもそも、アベノミクスと名前は付いてはいたが、①金融緩和政策②積極財政政策③成長戦略の「三本の矢」のうち、①と②はマクロ経済政策、③はミクロ経済政策であり、世界の先進国では標準的な組み合わせだ。

コロナ対策では、どれだけ財政出動などで「真水」を投入できるかがポイントだ。喫緊の対応としては、積極的に財政出動するだろう。

かつてリーマン・ショックや東日本大震災の際にも、菅氏は「国債の日銀引き受け」や、同じ効果を持つ「政府紙幣発行」を提唱したことがある。既にアベノミクスで政府と日銀の連合軍はできているので、実質的には同じ政策を実行できる。将来世代への負担なしで財源を捻出できる。

菅氏は財政について、「経済成長なくして財政再建なし」とする。財政再建よりも経済成長を優先する「経済主義」を表明している。

ただ、こうした議論をすると必ずや「日本の財政危機」が持ち出されるのだが、私たちはそもそも、既に日本は財政再建を終えており、消費税増税も必要なかったと考えている。

その点を、まず述べてみたい。

私たちがつねづね論じているのは「借金一〇〇〇兆円の嘘」である。借金が一〇〇〇兆円もあるので、増税しないと財政が破綻《はたん》するという、ほとんどのマスコミが信じている財務省の言い分は正しくないと指摘してきた。

「国の借金が一〇〇〇兆円もあり、国民一人当たりに換算すると八〇〇万円になる。みなさん、こんな借金を自分の子や孫に背負わせていいのですか。借金を返すためには増税が必要です！」

こんなセリフは誰でも聞いたことがあるだろう。当時の大蔵省（現・財務省）が一九八〇年代から繰り返してきたものだ。

国の借金一〇〇〇兆円――これは二つの観点から間違っている。

国の資産一四〇〇兆円の多くは金融資産

第一に、日本国のバランスシートの右側に書いてある負債しか見ていない。二〇〇〇年頃、財政投融資のＡＬＭ（資産負債管理）を行うために、国（政府単体とその関連会社の連結）のバランスシートを作る必要があった。当時、髙橋は、財務省主計局から余計なことをするなといわれながらも、財政投融資が抱えていた巨額の金利リスクを解消するため、国のバランスシートを初めて作った。

このバランスシートを作ってみると、財政が危ういという当時の大蔵省の主張は大嘘だったことがすぐに分かった。ただし、現役の大蔵官僚であったので、対外的にいうことはなかった。

結果、この国のバランスシートは「お蔵入《くらい》り」になったが、世界的な趨勢《すうせい》から復活することになった。五年後くらいに試案として、一〇年後くらいから正式版として、財務省も公表せざるを得なくなった。

髙橋は国のバランスシートを作ったあと、上司に対し、「ファイナンス論によれば、政府のバランスシート（つまりは日本政府の財政）は、それほど悪くない」と伝えた。そして、「もし借金を返済する必要があるというのであれば、まずは資産を売却すれば良い」と述べた。

すると上司は、「それでは天下りができなくなってしまう。資産を温存したうえで、増税で借金を返すための理論武装をしろ」といってきたのだ……。

実際、政府資産の大半は、政府関係機関への出資金や貸付金などの金融資産で構成されており、技術的には容易に売却可能なものばかりだ。大多数の一般の人は、「資産といっても、道路や空港など土地建物の実物資産が多いから、そう簡単には売却できないのだろう」と思っているだろう。しかし実は、それは事実とは違う。

日本銀行を含めた「統合政府」ベースのバランスシートでいえば、一四〇〇兆円程度の資産のうち、実物資産（土地や建物などの有形固定資産）は三〇〇兆円弱しかない。つまり、国の資産のうちその多くが「売却可能な資産」なのである。

政府資産額は世界一の日本

二〇一八年度の日本政府だけのバランスシートを見ると、資産は総計六七四兆円。そのうち、現金・預金五一兆円、有価証券一一九兆円、貸付金一〇八兆円、出資金七五兆円、計三五三兆円が比較的に換金が容易な金融資産である。加えて、有形固定資産一八四兆円、運用寄託金一一二兆円、その他三兆円となる。

そして負債は一二五八兆円。その内訳は、公債九八六兆円、政府短期証券七六兆円、借入金三一兆円。これらがいわゆる国の借金であり、合計一〇九三兆円である。また､運用寄託金の見合い負債である公的年金預り金一二〇兆円とその他が七兆円。よって、ネット負債（負債の総額から資産を引いた額、すなわち一二五八兆円－六七四兆円）は五八四兆円となる。

主要先進国と比較して日本政府のバランスシートの特徴をいえば、政府資産が巨額であることだ。政府資産額としては世界一である。政府資産の中身についても、すばやく換金が可能な金融資産の割合がきわめて大きいのが特徴的だ。

なお、貸付金や出資金の行き先は、国の財務書類に詳しく記されているが、そこが各省の天下り先になっている。

実は、財務省所管の貸付先は、他省庁に比べて突出して多い。このため、財務省は各省庁の所管法人にも天下れるので、天下りの範囲は他省庁よりもずっと広い。

前述した上司の言葉を聞いたときにはっきり認識したことがある。当時の大蔵省の官僚たちは、口では偉そうに「国家のために財政再建が必要だ」などといいながら、実際のところは、天下りのために政府資産を温存し、増税を優先していたのだ。

政府の資産は温存し国民に増税を求める財務省

第二の問題点は、政府内の子会社を連結していないことだ。国のバランスシートを作成した当時から、単体ベースと連結ベースのものを作っていた。現在は、財務省から連結ベースの貸借対照表が発表されており、これは財務省のホームページでも見られる。

実は、この公表も、小泉純一郎《こいずみじゅんいちろう》政権時に、内閣府で経済財政諮問会議の特命を受けていた髙橋が、小泉首相らに対し、「政府のバランスシートは既に存在し、それを見ながら財政再建の議論をすれば良い」と漏らしたことがきっかけだ。「それなら、すぐに公表すべきだ」となった経緯がある。

ただし、現在公表されている連結ベースのものには大きな欠陥がある。日銀が含まれていないのだ。政府から日銀への出資比率は五割を超えており、様々な監督権限もあるので、まぎれもなく、日銀は政府の子会社である。

経済学でも、日銀と政府は「広い意味の政府」とまとめて一体のものとして分析している。これを「統合政府」というが、会計的な観点からいえば、日銀を連結対象としない理由はない。日銀を連結対象から除いた理由は不明だが、連結対象として含めた場合のバランスシートを作ることはできる。

そして、この日銀を含めた統合政府ベースのバランスシートを見ると、先述の通り、一四〇〇兆円程度の資産のうち、実物資産（土地や建物などの有形固定資産）は三〇〇兆円弱しかない。要するに、国の資産の多くが、「売却可能な資産」なのである。

それほど多くの資産を温存しているのに、国民に増税を訴え、国の借金を返済しようと訴えるのは、どう考えても無理筋だ。こうした財務省の増税志向は、それと表裏一体の歳出カット政策とともに、緊縮財政志向を生み出している。

一般企業が破綻寸前となれば、まずは子会社を売るのが常識だ。政府を見ても、海外を例に取れば、破綻に直面したときには政府資産をどんどん売却しているではないか。

IMFの提言は財務省からの出向者が作る

ここで、「日銀券や当座預金も債務だ」という反論が出てくる。これはもちろん債務ではあるが、ほぼ無利子である。

そもそも、民間企業の民間銀行に対する当座預金には利子を付けないが、民間金融機関の日銀への当座預金に利子を付けること自体がおかしい。当座預金は、無利子無償還の日銀券で代替できるからだ。ちなみに、日銀当座預金への利子は、二〇〇八年にスタートした白川方明《しらかわまさあき》日銀総裁時代から行われたもので、その前は無利子だった。

それに加え、国債のように償還期限もない。この点が国債と大きく違って、広い意味で政府の負担を考える際に重要である。

緊縮財政については、その本家ともいえるＩＭＦ（国際通貨基金）ですら、一九九〇年代から二〇〇〇年代にかけての「緊縮一辺倒路線」は間違いだった、と二〇一二年には認めている。

またイギリスでは、二〇一八年まで緊縮志向で頑張っていたが、ついに、テリーザ・メイ首相が、「リーマン・ショック後に導入された歳出削減などの緊縮政策を廃止する」とした。

このニュースは海外では大きく扱われたが、日本の新聞紙上では、ほとんど報じられなかった。というのも、このイギリスのニュースが報じられると、翌二〇一九年一〇月に予定されていた消費税率一〇％への引き上げに悪影響が出て、新聞業界が待望している消費税の軽減税率適用が吹っ飛んでしまうことを怖れたのだろう。

その一方で、「ＩＭＦ四条協議において、ＩＭＦが日本に消費増税を提言した」というニュースは、二〇一八年一〇月四日に日本で報じられた。緊縮財政の過ちを認めたＩＭＦが、なぜ日本に対して緊縮策をアドバイスするのか不思議に思うのが当然なのだが、日本のメディアの論調はそうはならない。

もっとも、ＩＭＦ四条協議の実情を知っていれば、この提言には納得がいく。ＩＭＦのスタッフといっても、実はそのなかに財務省からの出向職員の日本人がいるからだ。髙橋は役人時代に「四条協議」に加わったこともあるが、彼らＩＭＦのスタッフに対し、内閣府、財務省、日銀の担当者が、日本経済の現状を説明するというのが実態に近い。

結果、ＩＭＦのスタッフがまとめるレポートには、当然のことながら日本の事情に詳しい財務省からの出向職員の知見が大きく反映される。いってみれば、四条協議の中身は、財務省が政府にいいたいことを、代わりにＩＭＦにいわせているだけなのだ。

ＩＭＦは財務省から出向した職員が仕切っている面が強く、単なる財務省の代弁としかいいようのないレポートもある。が、財務省の出向職員が手を出せないスタッフレポートのなかには、いいものもある。

そのなかから、非常に重要なレポートを紹介しよう。

二〇一八年一〇月に公表された「IMF Fiscal Monitor, October 2018 Managing Public Wealth」(https://www.IMF.org/en/Publications/FM/Issues/2018/10/04/fiscal-monitor-october-2018) である。

これは、各国の財政状況について、負債だけではなく資産にも注目して分析したものだ。このレポートに対する海外メディアの注目度は高いが(たとえばhttps://jp.reuters.com/article/IMF-g20-breakingviews-idJPKCN1ML0NF)、日本のメディアはさっぱり取り上げない。だからこそ、紹介する価値があるというものだ。

このIMFレポートの三三ページ「Annex Table 1.2.3」には、各国のデータがあるが、各国がこの「バランスシート」の考え方を導入した年代が分かる。

日本はほかの先進国とともに、一番早い「二〇〇〇年」となっている。ここの記述はやや不正確であり、日本は「一九九五年」が正しいと思う。前述したように、一九九五年頃に「お蔵入《くらい》り」になったバランスシートを作成しており、ほかの先進国はその後二年くらいで完成させたはずだ。

髙橋が「企業と同じように、政府もバランスシートによって財政を評価するべきだ」という考えを諸外国の財政当局の担当者に話すと、彼らは興味津々《きょうみしんしん》であった。そのおかげで、アメリカなどのアングロサクソン系国家から、「そのバランスシート作りについて、日本のやり方を教えてほしい」という要望があり、かなり頻繁《ひんぱん》に海外出張に行った。

いずれにしても、二〇〇〇年代から各国でバランスシート作りが盛んになり、データも蓄積されてきたところなので、ＩＭＦでも各国のバランスシートについて分析できるようになったのだろう。

ＩＭＦが認めた日本の財政再建

さて、当該《とうがい》のＩＭＦレポートでは、主に一般政府（General Government）と公的部門（Public Sector）のバランスシートが分析されている。

一般政府とは中央政府（国）と地方政府を合わせた概念である。一方の公的部門とは、中央銀行を含む公的機関を含めたものだ。

先述した「統合政府」として考慮するのは中央政府と中央銀行だけにとどめているが、ネット資産（資産マイナス負債）に着目する限り、これはＩＭＦレポートの「公的部門」とほぼ同じである。というのは、地方政府と中央銀行を除く「公的機関のネット資産」は、ほとんどゼロであるからだ。

中央銀行も、形式的にはネット資産はほぼゼロではあるが、中央銀行の負債は実質的には存在しない。そのため実質的なネット資産が大きくなるので、統合政府では、それをカウントしているわけだ。そこで統合政府のバランスシートを見ると、ネット負債はほぼゼロ……つまりネット資産もゼロとなっている。

これらを踏まえたうえでＩＭＦレポートを見てみると、比較可能な国の「公的部門バランスシート」におけるネット資産対ＧＤＰ（国内総生産）比が登場する。それによれば、日本の公的部門のネット資産は対ＧＤＰ比で、ほぼゼロ——筆者の主張と整合的だ。これは、誰が計算しても同じである。

ここから導き出されることは、「巨額な借金で利払いが大変になるというが、それに見合う巨額な資産を持っていれば、その金利収入で借金の利払いは大変ではなくなる」という事実だ。

日銀の保有する国債への利払いは、本来であればそのまま国庫収入になる。しかし、それを減少させることになる日銀の金融機関の当座預金に対する付利が、大きな問題になるわけだ。これは、はっきりいえば、日銀が金融機関に与える「お小遣い」であり、金融政策とは関係がない。

続いてこのＩＭＦレポートでは、「一般政府バランスシート」でのネット資産対ＧＤＰ比も分析している。ここでも日本は若干《じゃっかん》のマイナスではあるが、ギリシャやイタリアと比べると、それほど悪くない。

「研究開発国債」でノーベル賞を量産

ＩＭＦレポートでは、「どのような財政運営をするとネット資産がどのように変化するか」という分析も行っている。たとえば単に赤字国債を発行するだけだと、ネット資産は減少するが、投資に回せばネット資産は減少しない。そしてその投資が生きれば、ネット資産は増加する、といった具合だ。

この観点から論をさらに進めれば、たとえば「研究開発国債」というような債券の発行も考えられるだろう。

二〇一八年のノーベル医学・生理学賞を受賞した本庶佑《ほんじょたすく》京都大学特別教授が、基礎研究資金について「もうちょっと、ばらまくべきだと思う」と発言したことは、大きな話題となった。

本庶教授といえば、「オプジーボ」という薬を開発したことで有名である。人の体が本来持っている免疫を活用してガン細胞を攻撃する治療薬であり、このおかげでガンになっても長く生きられる人が増えている。

その本庶教授は、オプジーボのような薬が完成するまでには基礎研究がとても重要であり、成果の見えづらい基礎研究に国からのお金が回らなくなることに対して懸念を抱いている。実際、自然科学の基礎研究への財政資金や人材の投入については、現在、本庶教授のいう「ばらまき」ではなく「選択と集中」が進められている。

国の見地からすれば「最も有効なところに資金を投入する」といいたいのだろう

が、そもそも官僚が研究資金の「選択と集中」を実現できると思っていること自体が間違いだ。官僚に限らず、誰もそんな「選択と集中」などできないはずだ。

本庶教授も、記者会見のなかで、「何が正しいのか、重要なのか分からないまま、山を攻めようというのはナンセンス。多くの人がたくさんの山を踏破して、そこに何があるか理解して、どの山が重要か調べる段階だ」といっている。

つまり、どのような方向で研究したらいいのかは専門家にも分からない、というのが実情なのだ。

確かに、基礎研究では官僚の嫌う「無駄」が多い。基礎研究一〇〇〇のうち、三つくらいしか当たらないので、極端な言い方だが、ほとんどの基礎研究は、結果的に「無駄な研究」なのだ。しかし、一定の「無駄」がないと卓越した研究が出てこないことも、また事実だ。

この感覚は、自然科学を勉強したり研究したりした経験がある人なら共感できるだろう。しかし、多くの文系官僚には理解できない。

基礎研究において「選択と集中」といわれるのは、研究資金が足りないからである。であれば、教育や基礎研究の財源としての国債を発行することを考えるべきだ。

基礎研究のように、花咲くまでの期間が長く、大規模で広範囲に行う必要があることに対する投資は、公的部門が主導すべきだ。その場合、投資資金の財源は、税金ではなく国債が適切である。将来、見返りがあるからだ。実は、この考え方はもともと財務省内にもあったのだが、いまこそ、それが求められている。

「研究開発国債」というべき国債を、ぜひ発行すべきなのである。

この考え方を自民党の会合で紹介したのだが、これに最も抵抗したのは、財務省だった。財務省の代理人と思われる学者も出席していたが、教育や研究開発が社会的な投資であることを認めながらも、国債ではなく税を財源にすべきだといっていた。ファイナンス理論や財政理論を無視した暴論である。

しかも、この暴論に自民党の有力な若手議員が賛同していたのを見て呆《あき》れた。また、マスコミもその奇妙さを報道しないことは奇怪としかいえない。

結局、緊縮財政をやりたい財務省と、その財務省の走狗《そうく》である国会議員、学者、マスコミがまともなことをいわないので、日本全体が、この思考から脱却できないでいる。「研究開発国債」でノーベル賞を量産できるかもしれないのに、残念な話だ。

ただし、二〇二〇年七月、政府の「総合科学技術・イノベーション会議」において、安倍首相が研究開発ファンドの創設を明言した。そして、二〇二一年度を目途《めど》に約一〇兆円規模での実現を目指すことになった。今後を期待したい。

社会保障のための増税は大間違い

このほかにも、国のネット資産は、財政状況を見るときに使える。理論的には、ネット資産が限りなく減少すると（数学的な表現では、マイナス無限大に発散）、財政破綻ということになる。

ＩＭＦレポートでは、長期金利と一般政府のネット資産との関係についても分析を行っている。その含意は、「ネット資産が少なくなると、長期金利が上昇する傾向がある」というもので、理論面でのネット資産の減少と財政破綻の関係が整合的であることが示されている。

そこで、一般政府におけるネット資産対ＧＤＰ比と、その国の信用度を表すＣＤＳ

（クレジット・デフォルト・スワップ）レートの関係の相関を調べてみた。

これを見ると、かなりの相関があることが分かる。このCDSのデータから、その国の破綻確率を計算するのだが、たとえば日本なら、今後五年以内に財政破綻する確率は一％未満であるということが分かる。

二〇一七年三月に来日したノーベル経済学賞受賞者、ジョセフ・スティグリッツ教授さえも、経済財政諮問会議の場で、「日本の財政負債は大半が無効化されている（から財政破綻にはならない）」といっている。

そのとき、日本の増税推進学者は「スティグリッツが間違っている」と強気だった。もし自信があるならば、スティグリッツに手紙を書き、謝罪文をもらうべきだった。しかし、いまだにスティグリッツから謝罪文が届いたという話は聞いていない。

しかし、こうした財政破綻を訴えて増税を主張する人たちが中心になって、消費税の増税は強行されたのだ。

このＩＭＦレポートを見れば、日本が財政破綻するというロジックが使えなくなったことは歴然だ。しかし、なんと増税派は、「財政破綻を回避するために」という論法ではなく、「将来の年金など社会保障のために増税すべき」と、新しい言い方にすり替えて、増税を強行した。失笑するほかない。

実は、社会保障の将来像を推計するのは、それほど難しいことではない。何より、社会保障財源として消費税を使うというのは、税理論や社会保険論からいって、間違っている。大蔵省だった時代には、「諸外国においても消費税等を目的税としている例は見当たらない」と言い切っていたではないか。その証拠は、過去の税制調査会の答申を見れば分かる。

しかし、そんなデタラメに財務省がしがみついている。残念としかいえない。社会保障財源なら、歳入庁を創設し、社会保険料の徴収漏れをしっかりと捕捉すべきだ。また、マイナンバーによって所得税の捕捉を強化し、同時に金融所得の総合課税化や高率分離課税といった手段を採ることが、理論的にも実践的にも筋である。

菅首相は、日本の本当の財政状態を、よくご存じである。だからこそ、「経済成長なくして財政再建なし」といい切っている。思い切った政策を打ち出していくはずだ。

第1章

新・利権トライアングルを倒し

岩盤規制撤廃

＊本章の四七ページから五二ページ七行目までは高橋洋一が、五二ページ八行目から六六ページは原英史が担当しました。

役所と業界の「接着剤」とは誰か？

中央官庁には「天下り」というものがある。さらに「出向」といって、ほかの役所や民間から様々な人が来て二年間くらい働き、人間関係を作っていく。こうした「天下り」や「出向」は、掃いて捨てるほどある。

退官した先輩が、ちょくちょく役所に来る。年齢的には父親くらいの世代だが、年中やってきて、いろいろ尋ねてくる。先輩であるから丁寧に接するうち、誘われて食事や酒をご馳走《ちそう》されるようになる。

——彼らが欲しいのは、役所の情報なのである。

たとえば髙橋は、財務省のなかでも許認可がとても多い金融部局にいたので、ちょっとした情報でも、先輩にとっては有益なものになったはずだ。

しかし、こうしたケースが重なるうち、さすがに心配になる。ところが周囲に聞いても、みな、そんなものだという。

はじめは先輩と後輩の関係だったが、何かの話が進んでいくと、第三者、すなわち業者の人が来るようになった。決まって夕方六時に来て、次第に「接待漬け」である。向島《むこうじま》の料亭など、行き先は様々だ。たいてい午後一一時頃まで飲んで食べて、お土産《みやげ》付きで帰宅するというのがパターンだった。

人事異動で部署が変わっても、数年後、同じ部署に戻ると、また以前の知り合いが押し寄せてくる。相手としては、「過去の投資が生きた」という感じなのだろう。

そして土日はゴルフもある。こうした付き合いに時間が取られてしまうのが常で、仕事にも支障を来《きた》す。

このような構図がなぜできるのか？

権限を持っている役所から天下った人たちが、役所と業界の「接着剤」になっていたからである。天下りの人たちがいなければ、役人は一～二年で異動してしまうから、役所と業界は親密になれずに終わる。

政府が出資し補助金を付け天下る

序章で記した「政府のバランスシート」――これを見ると、貸付金と出資金が山ほどある。その行き先は、すべて天下り先だ。民間ではなく、政府系企業や政府系法人である。つまり、財務省の子会社のようなものである。

政府が出資して、補助金を付けて、役人はそこに天下るという構図だ。民間企業においては、役所が持っている許認可情報を入手することが、天下りした人間の役割だ。そして、役所の持っているカネ、すなわち出資金と補助金をもらうのが役割なのである。

これは強烈だ。出資金や補助金を出す役所が、親会社、あるいは株主になり、天下りを行っている。財務省ばかりではなく、各官庁すべてがやっているのだ。

そのため各省は、資産の内訳を説明することを極端に嫌う。なぜならそれが、そのまま天下り先のリストになるからである。

髙橋は当時の大蔵省の先輩からいわれた。

「なあ髙橋、これで大蔵省の力が分かるだろう。大蔵省の外では絶対にいうなよ」

それはそうだろう。大蔵省は、政府出資金や補助金のほぼすべてに絡《から》んでいるから、天下り先の数が、他省庁より断然多いのである。

これは、二〇〇〇年頃のことである。

運転免許証更新のオンライン化で警察OBの天下りは

当時、政府が関係する特殊法人は財務がボロボロだといわれていたが、実はそれは真っ赤な嘘である。なぜなら、天下りが行っているため、補助金がどっさり届く。その結果、ほとんどの特殊法人は財務的には超優良企業である。

髙橋は、そうした特殊法人の民営化に数多く関わったが、財務を調べれば調べるほど健全であり、すぐにでも民営化できると確信した。

その最たる例が日本道路公団だ。道路公団改革のとき、「債務超過だ」といっていたのは、民営化したくない人たちだった。それに、マスコミがまんまと引っかかったわけだ。実は、日本道路公団の財務は、きわめて優良だった。

このとき残念だったのは、民営化は実現したが、天下りをどう変えるかという「公務員制度改革」のほうに、まったく手が付けられていなかったことだ。役人は、「天下りができなくなるから、民営化なんてとんでもない」という考え方に凝り固まっていたからだ。

なぜ民営化と公務員制度改革を実行しなければならないのか？　それは、役所が民間企業に取り込まれてしまうことを避けるためである。経済学でいう「規制の虜《とりこ》」だ。たとえば原子力発電がその典型だが、規制当局が専門知識の高い規制される側に取り込まれてしまい、まっとうな規制ができなくなってしまうパターンだ。

民営化ができないから、政府がある部分を抱えてしまう。それを政府が抱えてしまうと、本当は民間でやってもいいことをやらない。こうして、まともなことができなくなるわけだ。

日本道路公団でいえば、高速道路のサービスエリアが良い例だ。サービスエリアのレストランや売店を日本道路公団の人が運営すれば、はっきりいって話にならない。

民間でできることは民間でやったほうがいいという、経済学の民営化原理がある。当時、小泉純一郎首相は、この原理を「民にできることは民に」と、分かりやすく国民に語った。

菅政権の改革にも「天下り問題」は大きく立ちはだかるだろう。たとえば、運転免許証更新のオンライン化では、警察ＯＢの天下りも絡んでくるため、かなり面倒なことになるだろう。

現在の官僚制度では、官僚にとって天下り先の確保のほうが、運転免許証更新者の利便性をも上回るからだ——。

これは運転免許証の更新に限らず、そのほかの「規制改革」にも見られる構図である。庶民目線の菅首相が、この霞が関の旧弊を打破することを、心から期待している。

コロナ禍で悔やまれた行政のオンライン化

第二次安倍政権は、アベノミクスのスタート当初から、「第一の矢」（金融）と「第二の矢」（財政）は合格点だが、「第三の矢」（成長戦略）は落第だといわれ続けてきた。評価は覆《くつがえ》らないまま、長期政権が終わった。

成長戦略の一丁目一番地とされたのは、「岩盤規制改革」だった。

当初の安倍首相の意気込みは強かった。二〇一四年のダボス会議（世界経済フォー

規制改革：安倍政権での主な成果と残された課題(2013～2020年)

	全国での改革	国家戦略特区での改革	残された主な課題
農林水産	●農協改革など【2015年法改正】 ●生乳・乳製品取引等改革【2016年度から】 ●漁業権見直しなど【2018年法改正】	●農業委員会事務の特例【2013年制定】 ●企業の農地所有【2016年法改正】	☆企業の農業参入 ☆減反見直し ☆農地転用の合理化
医療	●医薬品ネット販売一部解禁【2014年法改正】 ●患者申出療養の創設【2016年法改正】 ●オンライン診療の診療報酬化【2018年診療報酬改定】 ●医薬分業見直し【2019年法改正等】 ●オンライン服薬指導【2019年法改正】 △オンライン診療・服薬指導緩和拡大【2020年コロナ特例】	●オンライン服薬指導【2016年法改正】 ●医療機器・医薬品開発迅速化【2016・2017年法改正等】	☆遠隔・AI診療の本格推進 ☆医療データ活用
教育	●高校の遠隔教育解禁【2015年省令改正】 △義務教育を含む遠隔教育解禁【2020年コロナ特例】	●公設民営学校【2015年法改正】 ●医学部新設【2015年告示】 ●獣医学部新設【2017年告示】	☆デジタル教育の本格推進 ☆教員免許
保育・介護	●社会福祉法人ガバナンス強化【2016年法改正】 ●保育の配置基準の一部緩和【2016年緊急対策】 ●企業主導型保育【2016年開始】 ●育児休業の柔軟化【2017年法改正等】	●公園内保育所【2015年法改正】 ●地域限定保育士【2015年法改正】	☆保育・介護の質の向上、基準の緩和ないし分権
エネルギー	●電力自由化【2013・2014・2015・2020年法改正】 ●ガス自由化【2016年法改正】		☆再生エネルギー拡大、電力市場の競争促進
電波、通信・放送	●経済的価値に基づく電波割り当て制度【2019年法改正】 ●通信・端末料金の分離【2019年法改正】 ●ＮＨＫ同時配信【2020年開始】		☆電波帯域の有効活用 ☆放送の競争促進
都市計画・不動産		●都市計画手続きの迅速・円滑化【2013年制定】	☆中古不動産流通など
金融	●総合取引所【2020年創設】 ●資金移動業拡大、仲介業創設【2020年法改正】		☆フィンテック、規制体系見直し ☆多様な資金調達
交通	●自動走行【2019年法改正】		☆新型モビリティ、貨客混載など
シェアリングエコノミー	●民泊新法【2017年制定】	●特区民泊【2013年制定】 ●過疎地の自家用有償運送【2016年法改正】	☆ライドシェアなど
データ活用	●ビッグデータ活用（匿名・仮名加工情報等）【2015・2016・2020年法改正】		☆国・自治体・民間にまたがる個人データの本格活用
行政手続き	●マイナンバー【2013年制定】 ○行政手続きコスト2割削減、地方自治体の書式・様式統一【2017・2018年決定】 ○デジタル手続法【2019年法制定】(9割電子化へ)		☆マイナンバーの本格活用 ☆手続き全般のデジタル化
外国人	●建設分野【2014年告示】 ●介護分野【2016年法改正】 ●「特定技能」【2018年法改正】	●家事支援分野【2015年法改正】 ●農業分野【2017年法改正】 ●クールジャパン・インバウンド分野【2017年法改正】	☆外国人政策の確立
労働	●高度プロフェッショナル制度【2018年法改正】	●雇用ルール明確化【2013年措置】	☆労働市場の流動性 ☆労働時間規制

ラム年次総会）では、自ら「これから二年間で、ドリルを使い、すべての岩盤規制を砕《くだ》く」と表明し、世界の注目を浴びた。しかし、残念ながら成果は乏しく、課題は菅政権に積み残された。

ただし、成果がまったくなかったわけではない。農協制度は六〇年ぶりの、漁業制度は七〇年ぶりの大改革がなされたのだ。

また国家戦略特区では、三七年ぶりの医学部新設、五二年ぶりの獣医学部新設もなされた。国家戦略特区の都市計画手続きの特例を活用し、東京都内では、三〇ヵ所以上の再開発プロジェクトが進んだ。

だが、多くの分野で規制改革は停滞した。とりわけ、世界で急速に進むデジタル変革への対応では、出遅れた。医療や教育のオンライン対応など部分的には前進しつつも、厚い壁をなかなか突破し切れなかった。そうこうするうち、二〇二〇年の新型コロナウイルス感染症の流行で、図らずも改革の遅れが露呈した。

たとえば行政手続きのオンライン化も、スローガンは何度となく唱えられたが、実際には進まなかった。せっかく設けられたマイナンバーは利用目的が限定され、コロナ禍における一〇万円の特別定額給付金の支給にさえ利用できなかった。

そして全国の自治体で、職員が申請書と住民台帳を突き合わせる膨大な事務作業に追われることになった。もう少し早く規制改革を実現していればと、悔やまれることが多かった。

成長産業に電波帯を空けるアメリカ

「岩盤規制」がもたらしているのは、「オンラインで診療や授業を受けられない」といった利便性の問題にとどまらない。

経済社会全体での生産性の低迷、ひいては一人当たりＧＤＰ（国内総生産）の低迷をもたらしてきた。

日本の一人当たりＧＤＰは、ＯＥＣＤ（経済協力開発機構）加盟三六ヵ国中一八位（二〇一八年、購買力平価ベース）。アメリカやドイツには遠く及ばず、ＯＥＣＤ平均よりも低い。

二〇一二年末にスタートした第二次安倍政権で、株価は大幅に上昇したが、一人当たりGDPの順位は上がらなかった。むしろ、主要先進国との差は広がった。

その主な原因は、デジタル化への対応の遅れをはじめ、イノベーションの欠如だ。そして、古い仕組みを強《し》いているのが、「岩盤規制」だ。だからこそ、安倍政権の成長戦略の一丁目一番地は、「岩盤規制打破」でなければならなかったのだ。

こうした古い仕組みが随所に残る代表的分野が、「電波」である。

電波は、これからのデジタル社会で重要度が飛躍的に高まる。人と人とのコミュニケーションだけでなく、あらゆるモノがネットワークでつながるための基盤であるからだ。問題は、電波の帯域は限られ、使い勝手の良い帯域は、古くから使用されていること――。

たとえばアメリカでは、地上波テレビの帯域を逆オークションで買い上げ、より高い利用ニーズを持つ事業者にオークションで売却するなど、新たな仕掛けを導入している。未来の成長産業にスペースを空けるため、いわば電波帯域で「都市再開発」を行っているわけだ。

安倍政権下の規制改革推進会議では、こうした議論もなされた。そうして取り組みが一部進んだが、電波オークションはいまだに実現せず、放送制度改革も前進しなかった。むしろ本筋から外れた「放送法第四条撤廃」論などで大混乱が起きてしまった。

詳しくは第3章で述べるので、ここでは詳細を省くが、この大混乱が放送制度改革の前進を妨げてしまったことは間違いない。

自民党長老議員の電話一本で規制改革がストップ

主要分野以外でも、こまごまとした「岩盤規制」はたくさんある。たとえば「クリーニング店の無人ロッカー」がその一例だ。

コロナ対応のため「非接触」への転換が諸分野で進むなか、クリーニング店でも、ロッカーで洗濯物の受け渡しを行う無人店舗があっても良さそうなものだ。ところが厚生労働省の通達では、洗濯物の受け渡しはカウンターにおいて対面でなされる必要があり、無人ロッカーは不可とされる。

しかし、衛生管理ならロッカーでも徹底することは可能なので、理屈がよく分からない。しかも、マンションの宅配ボックスを利用した「ネット宅配クリーニング」は規制対象外で野放しにされているのだから、厚生労働省の対応は、およそ筋が通らない。

こんなことが起きるのは、無人ロッカーの設備投資ができるのは比較的大手の事業者であり、資力の乏しい零細クリーニング店にとっては解禁が好ましくないためだ。零細クリーニング店も業界団体などによる政治力はあるので、無意味な規制維持を政治や行政に強力に求め、これがまかり通っているのが現実だ。

現に、規制改革推進会議でこの議論をした際、自民党の某長老議員が直《ただ》ちに事務局に電話をかけてきて、ストップをかけた。残念ながら、そんな電話一本で止まってしまうのが、現在の規制改革の実情だ。

こうした一つ一つの、小さな、しかし不合理な規制が積み重なり、全国でイノベーションを阻《はば》み、日本経済の生産性を低迷させているのである。

安倍政権は「官邸主導」ではなかった

では「安倍一強」ともいわれた強力な政権で、なぜ「岩盤規制改革」は進まなかったのか？　答えの一つは、安倍政権は決して「官邸主導」ではなかったことだ。

安倍政権では、外交や安全保障は別として、官邸の力は強くなっておらず、内政は概《おおむ》ねコンセンサス重視だった。内閣人事局を作って官邸が思うがままの人事を行い、結果、官僚の忖度《そんたく》を生んだというようなことがいわれたが、官邸主導の政策決定など、それほどなされていなかった。

結局、官僚機構のほうがまだまだ強く、官邸主導で突破していくことは難しかった。

二〇二〇年のコロナ対応でなされた経済対策が、その一例だ。昔ながらのボトムアップのやり方で政策を作っているから、緊急時の対応がまともにできていなかった。このときは官邸主導というより「政治家主導」になってしまい、「お肉券」「お魚券」の配布といった議論が湧き起こって批判された。これは多くの与党議員たちが、自分を支持してくれる業界や団体の要望に応えて政策を打ち出すからである。

政策決定の仕組みの弱さが、対コロナ経済対策のプロセスで露呈したといえよう。

もちろん政策決定の仕組みとしては、すべて官邸主導でトップダウンというのは、不可能だ。ここぞというときだけトップダウンにすべきだろう。

コロナ対策の緊急時対応であれば、官邸主導で、ともかくスピードを優先してお金を配るという大方針を打ち出せば良かった。その後の具体的な設計は、役所にやらせれば良い。

そこのところのメリハリが、残念ながらまだまだできていない。外交や安全保障など、ごく限られた分野にとどまっていた。特に既得権に関わる規制改革のような分野は、官邸主導でリーダーシップを発揮しないと、一歩も前に進まない。

新・利権トライアングルの正体

そして安倍政権で規制改革を阻んだ、もう一つの、より重要な要因は、国家戦略特区での規制改革が、二〇一七年でぱったりと止まったことだ。二〇一七年の通常国会で「加計《かけ》学園問題」への疑惑追及がスタートして以降だ。

「首相の友人への利益誘導」「首相への忖度で規制改革」などと、国家戦略特区での獣医学部新設をめぐって、マスコミや国会での追及が長く続いた。原は国家戦略特区ワーキンググループの委員を務めていたが、その立場から見れば、根拠不明の疑惑追及だった。

が、関係者の多くは「ともかく追及が続くうちに規制改革をやって、また、あらぬ疑惑追及を受けたら堪《たま》らない」と感じ、新たな規制改革には及び腰になってしまった。

これが、安倍政権後半に「岩盤規制改革」をストップさせた「壁」の正体だ。しかし、マスコミや国会での疑惑追及は、実はデタラメだらけだ。原が当事者となった記事を、一例として挙げよう。

二〇一九年六月一一日付の毎日新聞は、原が「特区提案者から現金と会食の接待を受けた」という趣旨の記事を掲載した。加計学園問題に味をしめ、「国家戦略特区の疑惑第二弾」に仕立てようとしたのかもしれないが、こうした事実は一切なく、原には何の不正もない。その日のうちに反論文を公開したのだが、毎日新聞は、その後も続報を出し続けた。

いたしかたなく、原は提訴することにした。しかし裁判になると、毎日新聞側は、原が「お金をもらったとは書いていない」と主張し始めた。確かに記事をよく読めば、「原ではなく別の会社がもらった」とあるのだが、掲載されたチャート図には原の顔写真を大々的に掲載し、「指導料二〇〇万円」と読める矢印が描いてある。どう見ても、原がお金をもらったとしか見えない。とんでもない虚偽報道だった。

会食接待については、別の記事によると「福岡でフグをご馳走《ちそう》された」と書かれている。確かにその日、原は福岡にいたが、午後三時までは会議があり、午後四時には飛行機に乗るために空港に行っているので、物理的にフグを食べるのは無理なのだ。

これは、記者が原と一緒に出張していた官僚の回答を曲解していたことが原因だったのだが、その後、謝罪記事も訂正記事も一切ない。

さらに、毎日新聞との訴訟が始まったあと、二〇一九年一〇月になって、参議院予算委員会で森《もり》ゆうこ議員がこの記事を取り上げ、原が収賄罪《しゅうわいざい》相当のことをしたなどと発言した。NHKの中継があるから、全国に虚偽がばらまかれたわけだ。

なぜこんな根も葉もない記事が掲載され、国会質問がなされたのかはよく分からない。ただ、規制改革に関わっていると、恨みを買うことは多い。役所の人たちにとって、原は面倒な存在であろうし、対象となる業界の人たちにとってもまた、自分たちの利権を脅《おびや》かす存在だから、何らかのガセ情報を提供した人がいたのだろう。

規制改革を阻む壁といえば伝統的には、業界団体・役所・族議員の「鉄のトライアングル」だった。ところが最近では、与党の族議員に代わって、マスコミと野党議員が登場するようになった。その裏側に隠れて、利権を守りたい役所と業界が規制改革にストップをかける構図だ。

マスコミと野党議員にとって、事実かどうかはどうでもいい。マスコミが「疑惑」を報じればそれを国会で追及、国会で「疑惑追及」したらマスコミで報道、と「証拠なき追及」を無限サイクルで回し続けることができる。

証拠は要らず、「疑わしい」と唱えるだけで十分なのだ。そして、二〇一七年以降に国家戦略特区の規制改革がぱったり止まったように、それで十分に効果は上がる。

原はこれを「新・利権トライアングル」と呼んでいる。「まえがき」で触れた「大阪都構想二一八億円問題」のフェイクニュースも、まさにこの構図の一例だ。

これを正さない限り、どんなに強力な政権でも「岩盤規制改革」は難しい。そして、菅政権になった現在、この「新・利権トライアングル」を壊し、我が国の地盤沈下を止めなければならないのである。

各省設置法を一本化し事務分担は「政令」で

菅首相はデジタル庁構想に加え、厚生労働省再編にも言及した。中央省庁の「再々編」の可能性も出てきている。

現在の一府一二省庁体制は、一九九六年に橋本龍太郎《はしもとりゅうたろう》政権で議論され、二〇〇一年に森喜朗《もりよしろう》政権で発足した。これは、戦後初の本格的な省庁再編であり、政治主導を目指し、縦割り行政の打破を狙った。

しかしその結果、旧建設省、運輸省、国土庁、北海道開発庁が合併した国土交通省、旧総務庁、郵政省、自治省を一体化した総務省、旧厚生省と労働省による厚生労働省という巨大官庁が生まれた。

特に厚生労働省では業務が多岐にわたって増え、国会対応もままならないとさえいわれている。そのため、二〇一八年九月には自民党行政改革推進本部（甘利明《あまりあきら》本部長）が厚生労働省の分割を促したほか、子育て政策を担う官庁の一元化が提案された。その当時は自民党総裁選の最中だったが、争点化されることはなく、議論は立ち消えになった。

ずばりいえば、省庁再編は霞が関の役人の最大関心事だ。

役人の本能として、仕事の拡大がある。逆にいえば、省庁再編では各省の所管分野に対する争奪戦が起こり、「領地」の拡大や縮小で各省庁は悲喜交々《こもごも》になる。そのなかで、政官の関係では、政治が優位に立つことが多い。

菅氏は、第二次安倍政権で創設された内閣人事局のシステムをうまく使い、官僚を適切にコントロールしてきた。その結果、歴代官房長官のなかでも屈指の官僚掌握能力を持った。

省庁再編を政策の柱にすれば、菅氏は官僚に対する権勢を維持し、優位を保てるだろう。自民党内でも省庁再編は議論されてきたので、各派閥も表だって反対しにくい事情もある。

ただし、省庁再編の議論が具体的に進むと、特定の省庁から不満が噴出してくる可能性がある。そうなると、各派閥と省庁が結託して「総論賛成・各論反対」に回る可能性もあるだろう。

省庁再編は、当然のことながら、その時々の政策課題と大きく関係がある。その意味で重要なのだが、省庁再編では、政策というよりも「器」にばかり議論が集中する。そこに人的リソースをかけ過ぎるのは効率的とはいえない。

省庁再編が行いにくいのは、各省の事務分担が各省設置法で定められているからだ。そもそも海外の国には各省設置法など存在せず、その時々の政権が柔軟に行政組織を決める。これが普通のかたちだ。

民間企業でも、組織の改編は執行部が決めている。そうでないと、時代の変化に対応できないからだ。

この発想からいえば、現在ある各省設置法をすべて束ねて政府事務法として一本化し、各省の事務分担は「政令」で決めればいい。こうした枠組みを作れば、そのときの政権の判断で省庁再編を柔軟に行える。この方式こそが世界標準であり、政治主導をより一層発揮できるうえに、時代の変化への対応も容易である。

第2章

内閣人事局の破壊力

＊本章は原英史が担当しました。

省庁が業界や族議員と築き上げた利権構造

第1章で述べた「岩盤規制」の何が問題かといえば、一部の既得権を持った人たちの利益が優先されて政策が作られることである。

そのことを、原は通商産業省（通産省、現・経済産業省）に入って二年目に身をもって知ったが、これが髙橋との最初の接点でもあった。一九九〇年、バブルが弾ける直前のことである。

最近では、REIT《リート》（不動産投資信託）など様々な商品を組み込んだファンドが当たり前のように売られているが、当時はまだ、日本では組成されていなかった。そのころ商社などいくつかの民間企業がアメリカの「商品ファンド」を売り出しており、「国内でも商品ファンドを組成しよう」ということになった。

ところが当時の大蔵省証券局が、「証券取引法違反だ」と、ストップをかけてきたのである。それまでも証券を組み込んだファンドはあったが、証券以外を組み込んだ新しい商品なので、グレーな領域だったのである。

すると、商品を作ろうとしていた民間企業の方が、通産省に駆け込んできた。「大蔵省がストップをかけてくる」というのだ。証券会社の利権を守るため、接待攻勢を受けた大蔵省が抵抗していたのだろう。

そこで通産省は、大蔵省と議論を始めた。証券取引法のもとで、商品ファンドは証券会社しか組成できない世界にするのか、一定の投資家保護ルールを作って、もっと幅広く参入できるようにするのか——まだ「規制改革」という言葉すら一般的ではない時代だったが、その先駆けとなるような議論を行った。

規制改革の議論というのは、この手の話が多い。これまで業界がやってきたビジネスの仕組みがあるなかで、新しいビジネスモデル、商品、サービスが持ち込まれたときに、旧来の業界の人たちがストップをかけるのだ。

このときは、「大蔵省と通産省が一緒にルール作りをしよう」という前向きな決着となったが、既得権を守るため、あくまでも規制が守られることが多い。

各省庁には、それぞれの縄張りで、所管業界や族議員とともに長年築き上げてきた利権構造がある。端的にいえば、国民一般の利益を犠牲にして（たとえば過度な高価格など）、既得権者が利益を得る仕組みだから、時の政権が国民目線でこれに切り込もうとすることは、古くからときどき起こった。

そして、そうした局面では、官僚機構が業界や族議員とともに徹底抗戦するのが伝統的な構図だった。現在も残る「岩盤規制」の利権構造は、たいてい、そうした徹底抗戦によって守られてきた。

省庁OBが「縦割り利権」を護持するわけ

日本政府では、省庁ごとに採用を行い、昇進などの人事管理も省ごとに行ってきた。たとえば、ひとたび経済産業省に入省すれば、省と省との人事交流や出向はあっても、基本的にはずっと経済産業省に属する。

だから、就職のことを「入省」と呼び、その人物の略歴は「元日本政府職員」ではなく、「元経済産業省職員」と記載される。

このように省庁に「入省」した官僚は、その省への帰属意識を持ち、これによって省の利益のために仕事を行い、結果、政策の「縦割り」を生む。

そのため「国益」より「省益」を優先し、「岩盤規制」に対する徹底抗戦が起こるのだ。

この徹底抗戦を可能にしたのは、「政治は官僚人事に介入しない」という不文律だ。官僚の人事権は、法律上は大臣にあるが、官僚たちの作った人事案をそのまま丸呑みするのが伝統的な慣例だった。

この不文律のもとで何が起きていたのか？ 官僚たちが、大臣よりも、実質的な人事権のある官僚機構のボスを見て仕事をするようになったのだ。「政権の方針」より「省庁の論理」が優先されるわけだ。

しかも、ボスは必ずしも現職の官僚トップではなく、省庁のＯＢたちが実権を握っていたりする。こうしたＯＢたちは所管の利権団体に天下りしているのだから、「縦割り利権」護持が最重要課題になるのは当然だった。

省庁のガバナンス構造改革のため内閣人事局を

この問題を根本的に解決するには、人事の改革が欠かせない。

こうした問題認識のもと、橋本龍太郎内閣の行政改革会議「最終報告」では、課長以上の幹部職員を政府全体で一括管理する、「人材の一括管理システムの導入」が提案された。

――これが「内閣人事局」の原点だ。

そして橋本内閣から小渕恵三《おぶちけいぞう》内閣、森喜朗内閣へと引き継がれ、中央省庁再編、内閣府設置、経済財政諮問会議創設などは実現したが、「人事の内閣（官邸）主導」は先送りされた。人事改革に対する官僚機構の抵抗は、政策面よりも、ずっとずっと強かったからである。

その後、小泉純一郎内閣でも公務員制度改革を進める動きがあったが、議論は混迷し、「人事の内閣主導」は、どこかに消えてしまった。

「内閣人事局構想」は、言い換えれば、各省庁のガバナンス構造の改革だ。旧来の構造では、国民によって選ばれた政権（内閣）の方針が貫徹されない。だから、古くからの「縦割り利権」に手を付けられない。これを、「国民によるガバナンス」が利《き》く構造に改めようとするものだ。

だが、それこそ各省庁がこぞって徹底抗戦するような話だったので、なかなか前には進まなかった。

民主党政権が内閣人事局を設置しなかった謎

ようやく動き出したのは、第一次安倍晋三内閣においてである。

二〇〇八年の「国家公務員制度改革基本法」では、政権交代の可能性が高まるなかで、「どんな政権でも機能する霞が関が必要だ」との意識が党派を超えて共有された。そうして自民・公明・民主の三党合意によって、「内閣人事局」の創設が法律に定められた。

付け加えておくと、政府・与党は当初は、内閣府の外局として「内閣人事庁」を提案した。これに対し、官邸直結の「内閣人事局」を強く主張したのは、当時の民主党だった。

「国家公務員制度改革基本法」では、改革全般を推進するうえでの最優先課題として、人事の一元管理を行う「内閣人事局」を、施行後一年以内に設置することが定められた。しかし、二〇〇九年にお披露目《ひろめ》するはずの「内閣人事局」は、いつまで経ってもできなかった。

二〇〇九年に「脱官僚」を唱えて政権の座に就いた民主党が、「官僚主導」と「縦割り」を打破するカギとなる「内閣人事局」をなぜ設置しなかったのか、それは謎である。

しかし再び政権交代があり、二〇一四年になって、ようやく「内閣人事局」が誕生した。橋本内閣のもと、「人材の一括管理」の必要性が指摘されてから、一七年近くもの歳月が経過していた。

「利権のボスへの忖度」から「国民への忖度」へ

「内閣人事局」ができて以降、省庁をまたがった幹部人事なども少しずつ増えている。ただ、「内閣（官邸）主導」の体制が確立したかといえば、まだ不十分だ。

規制改革の現場での状況はほぼ変わらず、役人の省庁への帰属意識も変わっていない。二〇一四年に設立された「内閣人事局」は、まだこれからの組織であり、機能を高めていくべきだ。

そのようななかで、「内閣人事局」を廃止ないしは弱体化すべきだ、との主張が唱えられるようになった。「内閣人事局」が人事を握っているので、官僚による「官邸への忖度」が生じているという指摘だ。

しかし、前世紀以来の経過を踏まえれば、「官僚による忖度をもたらした内閣人事局を廃止せよ」などという言説は、浅はかというほかない。平成の三〇年間を飛び越えて、昭和に戻ろうといっているようなものだ。

旧来型の縦割り、あるいは官僚主導行政が「深刻な機能障害を来《きた》している」ことは、一九九七年の行政改革会議における「最終報告」で、はっきりと指摘されている。その箇所を引用する。

〈従来の行政の組織・活動原理についても抜本的な見直しを行う必要がある。物資の窮乏や貧困を克服するための生産力の拡大や、欧米先進国へのキャッチアップという単純な価値の追求が行政の大きな命題であった時期に形作られた、実施機能を基軸とする省庁編成と、行政事務の各省庁による分担管理原則は、国家目標が単純で、社会全体の資源が拡大し続ける局面においては、確かに効率的な行政システムであった。しかしながら、限られた資源のなかで、国家として多様な価値を追求せざるを得ない状況下においては、もはや、価値選択のない「理念なき配分」や行政各部への包括的な政策委任では、内外環境に即応した政策展開は期待し得ず、旧来型行政は、縦割りの弊害《へいがい》や官僚組織の自己増殖・肥大化のなかで深刻な機能障害を来しているといっても過言ではない。本来国民の利益を守るべき施策や規制が自己目的化し、一部の人びとの既得権益のみを擁護する結果を招いたり、異なる価値観や政策目的間の対立や矛《む》盾《じゅん》を不透明な形で内部処理し、あるいはその解決を先送りしてきた結果が、最近における不祥事の数々や政策の失敗に帰結している実情をわれわれは真摯《しんし》に受けとめなければならない〉

問題は「官僚による忖度」がどこに向くかであり、「縦割り利権のボスへの忖度」から「国民への忖度」に転換するために長年の取り組みがあったのだ。

人事評価はAばかり

ではなぜ安倍政権において、内閣人事局が万全に機能していなかったのか？

大問題は、内閣人事局が客観的な人事評価をサボってきたことだ。

霞が関の官僚人事の伝統は、「身分制」と「年功序列」だ。新卒採用時の試験区分において、キャリア・ノンキャリア、事務系・技術系などのグループ分けがなされ、入れ替え不可の「身分制」として、昇進スピードに大きな差がつく。

そして、それぞれの「身分」では、厳格な年功序列によって、同期が一斉に昇進する。三〇年ぐらい経ち、キャリアが局長や事務次官へと上り詰める頃になると、ポストの数が限られているため、昇進できない人には天下りポストが用意される。

これは、職員同士がギスギスせず、温かい仕組みではあるが、難点は、頑張っても頑張らなくても大きな差がつかないことだ。能力や業績の乏しい人も年功序列で管理職になっていくから、組織の機能と活力は損なわれる。

「能力・業績主義」をもっと徹底すべきだとの問題提起は、昭和の時代からあった。

人事評価分布（2011～2012年）

		S	A	B	C	D
幹部職員	能力評価		85.7%	14.3%	0.0%	
	業績評価		78.8%	21.2%	0.0%	
一般職員	能力評価	5.8%	53.8%	39.8%	0.5%	0.1%
	業績評価	6.0%	51.9%	41.5%	0.5%	0.1%

能力評価：2011年10月～2012年９月、業績評価：2012年４月～同年９月
出典：https://www.cas.go.jp/jp/gaiyou/jimu/jinjikyoku/files/000277655.pdf

平成になると橋本龍太郎首相の行革などで本格的な検討が進み、これが結実して、二〇〇八年に制定された「国家公務員制度改革基本法」では、「能力・業績主義」が改革の基本理念の一つと定められた。だが、これがなかなか前進しない。

「能力・業績主義」を徹底するに当たり、基礎となるのが「人事評価」だ。官僚機構でも二〇〇九年から人事評価制度が正式導入された。だが、導入当初、大半はA評価（求められる水準を上回る）が付与され、C・D評価（求められる水準を下回る＝昇進できない）はほとんどないなど、形骸化《けいがいか》が指摘されていた。

当たり前だが、評価が「みんなよくできました」では、「能力・業績主義」が徹底できるわけがない。原が国会の公聴会に呼ばれた際には、「これでは政府の

機能低下につながる」と指摘したことがあった（二〇一五年三月九日衆議院予算委員会公聴会）。

いまも色濃く残る「身分制」と「年功序列」

「国家公務員制度改革基本法」に基づき「内閣人事局」が発足したあと、人事評価の運用改善や、「能力・業績主義」の徹底が大いに期待されたが、運用状況は不透明なままだった。国会でも何度か評価分布の開示などが求められたが、対応のないまま、数年が過ぎた。

二〇二〇年九月になって、人事評価の運用状況がひっそりと公表された（八一ページ図表）。判明したのは、改善どころか、形骸化がさらに進行していた、以下のような現実だった。

① 幹部職員（部局長級など）は三段階評価で、A評価が九割、C評価は〇％。
② 一般職員は五段階評価で、S・A評価が六割強、一方でC・D評価は一〇〇〇人

人事評価分布（2018 ～ 2020年）

		S	A	B	C	D
幹部職員	能力評価		88.5%	11.5%	0.0%	
	業績評価		85.7%	14.3%	0.0%	
	業績評価		85.7%	14.3%	0.0%	
一般職員	能力評価	9.1%	53.2%	37.2%	0.4%	0.0%
	業績評価	11.2%	52.1%	36.3%	0.4%	0.1%
	業績評価	10.0%	51.8%	37.8%	0.4%	0.0%

能力評価：2018年10月～ 2019年９月
業績評価：上欄2019年10月～ 2020年3月、下欄2019年４月～同年９月
出典：https://www.cas.go.jp/jp/gaiyou/jimu/jinjikyoku/hyouka_kaizen/dai2/siryou2-1.pdf

に四～五名にとどまる。

もちろん、霞が関全体が本当にそんな素晴らしい働きぶりをしていたら、政府はずっとよく機能している。馴《な》れ合いで「みんなよくできました」を続けてきたわけだ。

結果として、霞が関の人事は、あまり変わっていない。年次逆転やノンキャリアの幹部登用などのケースが注目されることもあるが、そうした例外的なケースは昔から時々あった。旧来の「身分制」と「年功序列」は、いまも色濃く残ったままだ。

「能力・業績主義」が徹底されないことでもたらされた、もう一つの深刻な問題は、

「縦割り利権」の温存だ。

人事評価を各省庁に丸投げしてきた内閣人事局

官僚人事のもう一つの伝統は、「仲間内人事」だった。法律上は内閣や大臣に人事権があるが、伝統的な「不文律」で、各省庁の官僚たちの作った人事案には口を出さず、そのまま丸呑みする習わしだった。

結果として何が生じたかというと、先述の各省庁のガバナンス構造の歪《ゆが》みだ。

官僚たちは、どうしても「省庁の論理」に引きずられることがある。縦割りの内側では、所管業界などと、大小様々な利権構造が築かれている。これに対し、本来、歯止めをかけるのが民主主義のプロセスであり、それは国民によって選ばれる内閣の役割である。

ところが、「人事に口を出さない」との不文律があるために、官僚たちは、大臣よりも、実質的な人事権のある官僚機構のボスを見て仕事をしてしまう。このため、時の政権が国民目線で利権構造などに切り込もうとしても、各省庁は面従腹背《めんじゅうふくはい》で徹底

旧来の役所のガバナンス構造

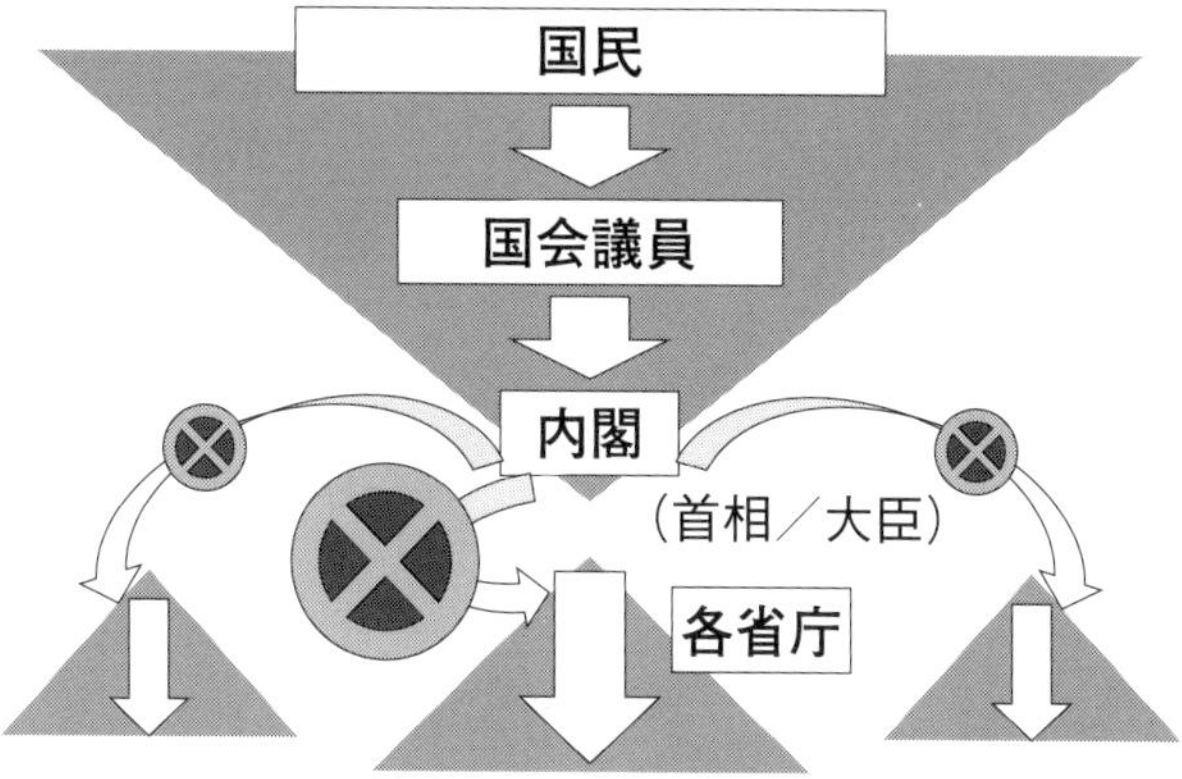

抗戦することになる。

長年、問題とされる「岩盤規制」は、たいてい、そうやって守り抜かれてきた。徹底抗戦を支えたのが「不文律」だった。

菅政権の発足直後に起きた日本学術会議会員の任命拒否問題も、直接、官僚人事とは関係しないが、実は同根だ。こちらでは、日本学術会議の推薦通りに人事権を行使するのが「不文律」とされていた。

二〇〇八年の「国家公務員制度改革基本法」では、この「不文律」もターゲットになった。「能力・業績主義」と並ぶ基本理念として、「議院内閣制の下、国家公務員がその役割を適切に果たすこと」が掲げられた（基本法第二条第一号）。

この条文だけを見ても意味が分からないかもしれないが、要するに、各省庁が統制の利かない独立組織と化している現状を改め、「国民によるガバナンス」の利く構造に改めよう（前ページの図でいうと、上下の三角形をくっつけて、矢印で上から下までを貫く）ということだ。

具体的には、「不文律」を否定し、首相と大臣が本来の人事権を行使する仕組みを設けることになった（基本法第五条第二項）。

ただ、その際、大臣らがまったく恣意的《しいてき》に人事権を行使し、無能なお気に入りを幹部に登用するようなことが頻発《ひんぱつ》しては困る。そこで、「内閣人事局」で客観的な評価に基づき、幹部の適格性を審査して候補者名簿を作り、官邸と大臣はそのなかから人事権を行使する、との制度設計がなされた。人事評価が「省庁の論理」に引きずられないよう（利権を守ったら高評価が得られるといったことにならないよう）、国民本位の評価基準を確立すべきことも定められたのだ（第九条第一号）。

要するに、「各省庁の仲間内人事」から、「能力・業績主義」のたがを嵌《は》めた「内閣の人事権行使」に転換しようとした。ここでも、「能力・業績主義」がカギであった。ところが、現状は先に述べた通りだ。内閣人事局は人事評価を各省庁に丸投げし、基準確立も適格性審査もサボり続けてきた。結果として、「各省庁の仲間内人事」は旧来のままで、たいして変わっていない。

その一方で、「内閣の人事権行使」は可能になったが（現実に各省庁の人事案に口を出すケースはごく一部と思われるが）、たがとなるはずの「能力・業績主義」は空洞化……という歪《いびつ》な状態が生じた。

安倍政権が「岩盤規制」で成果を出せなかった背景

安倍政権が「岩盤規制改革」を唱えながら十分な成果を出せなかったのは、結局、こうして霞が関の内実が変化せず、縦割り利権を頑強に守り続けていたためだ。その一方で、客観評価を欠いた「内閣の人事権行使」は、中途半端な官僚たちのあいだで「官邸の歓心さえ買えば出世できる」との間違った忖度を生む要因にもなった。

野党議員たちは、こうした「内閣人事局の機能不全」こそを追及したら良い。ところが、「内閣人事局による官僚支配」云々《うんぬん》と的外《まとはず》れな批判ばかりしているので、話にならない。さらには、「菅首相は反対する官僚を異動する方針である」などという、前提知識のないデタラメな報道がまかり通っている。

まず「政権の方針が決定したあと、それに従わない官僚は異動してもらう」のは、当然だ。役所に限らず、どんな組織でもそうだろう。菅首相が総裁選中に発言したのは、この当たり前のことだ。

では、この当たり前のことがわざわざ論点になるのは、なぜなのか？　日本国政府では、伝統的に、官僚が政権の方針に従わないことが多々あったからだ。

原は菅首相のこの発言に対して、朝日新聞からコメントを求められた。そこで、これまで述べたような歴史と前提を語ったうえで、「必要な指摘をするのは官僚の職責。方針が決まる前の異論は大歓迎とのメッセージも出すべき」と付け加えた。

すると、掲載された文章は、以下のようなものになっていた。

〈経済産業省ＯＢで「政策工房」社長の原英史さん（53）は、（中略）「（官僚が）反対するのであれば異動してもらう」との発言は少し気になるという。「必要な指摘をするのは官僚の職責。方針が決まる前の異論は大歓迎とのメッセージも出すべきだ」と注文をつけた〉（朝日新聞：二〇二〇年九月一七日付朝刊）

コメントを掲載してもらったのはありがたいことで文句を付けるつもりはないが、前提部分もしっかり記載してほしいところだった。

確かに、方針を決定する前は、大いに議論がなされるべきだ。大臣の提案に対しても官僚は問題点を指摘し、そのうえで方針決定がなされなければならない。方針決定後には従うとの大前提が守られる限り、当然、「異論を唱えたら左遷《させん》」などということがあってはならない。

菅首相もそんなつもりはないはずだ。しかし、「反対したら異動」ばかりが流布《るふ》されてしまっており、誤解を招きかねないので、菅首相は改めて明確にしておいたほうが良いだろう。

ここまでの記述で、菅政権が規制改革を断行していくうえで、内閣人事局の機能を高めることが不可欠だということがお分かりいただけただろうか。内閣人事局強化のためには、まず、これまでサボっていた人事評価を行うことなのである。

公式会議でのガチンコ討論を避けた安倍政権

ところで元文部科学省事務次官の前川喜平《まえかわきへい》氏は、「(現職の事務次官などだった当時)各省庁の知識や経験、専門性はないがしろにされ、『これは変じゃないか』と思うようなものを無理やりやらされることはしょっちゅうだった」と述べている。ご本人のモットーとする面従腹背のつもりだったのかもしれないが、異論を唱えなかったわけだ。しかし、あとから「おかしかった」というのでは、事務次官の資格はない。

また元総務官僚の平嶋彰英《ひらしまあきひで》氏は、自治税務局長だった二〇一四年、ふるさと納税をめぐって菅官房長官に異を唱えた。そして、左遷《させん》されたと語る。

〈ふるさと納税は総務相を務めた菅さんの肝《きも》いりで、〇八年に創設されました。その後の一四年、官房長官となった菅さんから、自治体に寄付する上限額の倍増などを指示されました。ただ、自治体から寄付者への返礼品が高額化し、競争が過熱する懸念があった。私は総務省通知と法律で一定の歯止めをかける提案をしましたが、菅さんは『通知のみでいい』とおっしゃいました〉（朝日新聞デジタル：二〇二〇年九月一一日）

この八ヵ月後に、平嶋氏は、自治大学校長への異例の転出となったという。平嶋氏は現職時に異論を唱えているのだから、前川氏とは違う。ただ、異論の内容が的確だったかどうかは別問題だ。

このように議論では、往々にして、双方が「自らが正義」と思っていることがある。決着は、最終的には、双方の主張を広く国民に提示し、その評価に委《ゆだ》ねるしかない。政権が的確な政策を断行したのなら、国民に評価される。理にかなわないことを押し通したのなら、厳しい審判を受ける。これほど明白なことはない。

こうした検証を可能にするためには、政府・与党内での意見の対立はできるだけ表に晒し、公式の会議においてガチンコで議論して決着を付け、議事録を公開すべきだ。

残念なことに安倍政権では、首相の出席する公式会議でのガチンコ討論を避ける傾向があった。小泉政権での経済財政諮問会議などとは大きく違った。そのために、あとから「無理やり押し付けられた」などと刺されやすかった面も否《いな》めない。

これから菅政権が規制改革の難題に取り組むうえでは、政府・与党内での意見の対立は避けられない。これを表に晒して決着を付ける仕組みを確立することこそが重要だ。菅政権発足以降、実際に、官邸での政策会議は、ガチンコ討論に徐々に切り替わりつつあるようだ。

マスコミや一部の野党議員らは、二〇〇八年の「国家公務員制度改革基本法」の成立経緯（民主党も修正協議に参画し、「内閣人事局」の創設を主導した）もよく知らずに、「安倍政権の作った内閣人事局が諸悪の根源だ」などと唱えているが、こうした批判は的外れであり、話にならない。

菅政権は、「内閣人事局」の機能不全の解消をはじめ、縦割り利権の打破を目指す体制をさらに強化していくだろう。これは様々な難題を解決していくために、不可欠であるはずだ。

第3章

日本独特のメディアと電波の罠

＊本章の九三ページから一一五ページ六行目までは原英史が、一一五ページ七行目から一二四ページは髙橋洋一が担当しました。

古い住人が占有する電波帯域をいかに開放するか

菅政権が行う規制改革のなかでも、喫緊の懸案が「デジタル変革（ＤＸ）」への対応であることは、論を俟《ま》たない。

オンライン診療も、オンライン教育も、行政・民間の諸手続きのデジタル化（象徴的には判子《はんこ》の問題）も、技術的にはとっくの昔に可能になっていたことが、規制で阻まれてきた。長年のあいだ課題とされてきたがなかなか進まず、それがコロナ禍で問題点として露呈したのだ。

「デジタル変革」は、古い仕組みからの転換を伴う。こうした古い仕組みには、しばしば利権がへばりついており、規制を隠《かく》れ蓑《みの》にして変革を阻む。だから多くの分野において、ちょっとしたオンライン化が思わぬほど抵抗を受けるが、その代わり、ひとたび進めば、それぞれの分野で根本的な変革につながる。「デジタル変革」を進める価値は大きい。

この「デジタル変革」の進む社会を支える基盤として、その裏面にある重要な課題が「電波」である。

ＡＩ（人工知能）もロボットも自動走行も自動飛行も、電波がなければ機能しない。たとえば「スマート農業」で、農作物の状況をセンサーで把握し、無人ドローンで最適な肥料散布をしようとすれば、センサーからデータを飛ばすにもドローンの操作にも、電波がいる。「スマート防災」「スマート工場」「スマート建設」「スマート介護」なども同様だ。

旧来の移動通信（携帯電話）は、基本的に人と人とをつないでいた。これからは、人口をはるかに上回るモノとモノが電波でつながり、データをやり取りするようになる。電波の重要性は飛躍的に高まっていく。

ただ問題は、電波の帯域が有限であり、とりわけ使い勝手の良い帯域は希少であることだ。電波は歴史的に、最初は防災や救急などの「行政」が主たるユーザーであり、そのあとラジオやテレビの「放送」が現れ、一九八〇年代以降に「携帯電話」が加わった。

使い勝手の良い帯域は、古くからの住人によって、とっくに占有されている。そこで、いかに帯域を空けるかが重要になる。

「電波の開放」は、未来を切り拓けるかどうかに直結する。このためアメリカでは、バラク・オバマ政権下の二〇一二年、まず「行政」をターゲットにして、連邦政府用の周波数から最大一〇〇〇メガヘルツ幅を官民で共用しようとの「周波数スーパーハイウェイ構想」が打ち出された。

　イギリスでは、二〇一〇年頃から、目標を定めて公共用周波数の民間への開放が進められた。

　日本でも、やや遅れて二〇一七年頃から、政府の規制改革推進会議や自民党行政改革推進本部で、こうした議論がなされた。

　当時の河野《こうの》太郎《たろう》本部長のもと、「ブラックボックス状態の透明化」「公共用周波数の資産価値を精査したうえで、政府資産として管理・有効活用する体制整備」などを求める提言も出された（自民党行政改革推進本部官民電波利活用ＰＴ「公共用周波数の民間開放に関する緊急提言」二〇一七年五月）。

　だが、その後の実現状況は不十分で、課題が残されている。

民間キー局のテレビ用電波使用料は六億円だけ

「電波」が特殊なのは、政府が割り当ての権限を握り、特に日本の場合、「すべては総務省の判断次第」というブラックボックス的な色彩が濃いためだ。

不動産と対比してみよう。たとえば賃料の安いエリアで、ゆとりのある広大なオフィスを構えている企業があったとする。あるとき何らかの事情でそのエリアのオフィス需要が急激に高まれば、賃料が上がり、その企業は自《おの》ずと余剰スペースを放出し、新規参入者が入りやすくなる。

ところが電波では、こうしたメカニズムが働かない。総務省が割り当てを行い、いったん割り当てがなされれば、行政部門なら通常無料、民間事業者でもリーズナブルな賃料（電波利用料）で使える仕組みであるからだ。

もちろん、有効に利用されているかどうかを総務省がチェックし、必要に応じて再編することにはなっている。ただ、この仕組みの限界は、旧来の占有者に自ら効率化を図るインセンティブがなく、また、政治力の強い占有者には手を出しづらいこと

UHF帯は40チャンネルのうち7チャンネルしか使っていない

	13	14	15	16	17	18	19	20	21	22	23	24	25	26	27	28	29	30	31	32	33	34	35	36	37	38	39	40	41	42	43	44	45	46	47	48	49	50	51	52
水戸	E	N	T		A	V	F	G																																
高萩																							F			N	E		T		A			V	G					
筑波																																					G			
日立	E	N	T		A	V	F	G																																
鹿島								G						E																										
山方								G	F	T	V	A		E								N																		
大宮								G	F	T	V	A	N	E																										
男体								G	F	T	V	A		E								N																		
北茨城																												E		G										
竜神平				G					F	T	V	A															E		N											

＊中継局のチャンネルはソフトウエアで変更できる。

（参考）規制改革推進会議投資等ワーキング・グループ（2017年10月24日）での池田《いけだ》信夫《のぶお》・アゴラ研究所所長提出資料。

出典：https://www8.cao.go.jp/kisei-kaikaku/suishin/meeting/wg/toushi/20171024/171024toushi01.pdf

だ。

典型例が「放送」だ。日本では地上波デジタルテレビは四〇チャンネル分、帯域でいうと四七〇～七一〇メガヘルツという広大な領域を占めている。いうまでもなく、実際に運営されているチャンネル数はそんなに多くはなく、せいぜい八つ程度だ（地域によってはずっと少ない）。

放送事業者の言い分は、電波が県を越えて飛び混信するのを防ぐためチャンネルを使い分けなければならず、これぐらいの帯域が必要である、ということ。これに対し、縮減できるはずだとの主張は以前からあった。

かつて規制改革推進会議でもこの問題を議論したが、放送事業者の答えは結局、「帯域を空けることは不可能ではないが、再編にはコストがかかり、経済性の問題がある」とのことだった。

以下は、日本放送協会（NHK）専務理事・技師長の児野《ちごの》昭彦《あきひこ》氏の答弁である。

〈先ほど申し上げましたように、かなりの放送波同士が県域サービスを前提にしているると干渉するわけです。先ほどの説明でも言いましたけれども、一見空いているように思っていても、それをいざ使ってみると思わぬところに混信を引き起こしてしまうというようなことが地デジをチャンネル設計したときに経験的に分かっていまして、例えばスカイツリーみたいに大きな電波を出すところは、関東のへりでぴたっと電波が止まる訳ではないのでかなり遠くまで飛んで行ってしまう。そうすると近隣の県に使えない電波を結果的にかなり生じさせてしまうことがあって、相当精緻にチャンネルプランをやった結果、今の形になっています。

ただ、本当に1チャンネルも全然空かないのかということであれば、もう一回、一から更地で設計し直せば、空くチャンネルを生み出すことは可能とは思いますけれども、それをやるためには１つチャンネルを変えると、先ほど言ったように、芋づる式に混信関係が複雑になってくるので、相当大がかりなチャンネル変更をやる結果になってしまうということで、本当にそれをやることが経済性に見合うかというのは検討する必要があるかと思っています〉（参考）規制改革推進会議投資等ワーキング・グループ（二〇一七年一〇月二五日）議事概要（https://www8.cao.go.jp/kisei-kaikaku/suishin/meeting/wg/toushi/20171025/gijiroku1025.pdf）

つまり、問題はコストなのだ。ＮＨＫも民放も、四〇チャンネル分の帯域を占めていても、微々たるコストしかかからない。電波使用料を払うのは四〇のうち実際に使われている分（九七ページの図表より、茨城県ならばトータルで七チャンネル分）だけであり、金額で見ると全国放送のＮＨＫで年間二五億円、民放キー局はそれぞれ六億円程度に過ぎない（二〇一九年度）。

――これでは、わざわざコストをかけて、帯域を効率化しようとするわけがない。

アメリカでは電波オークションで二兆円に

解決策は、いくつも考えられる。究極的には、番組を放送波で流すのをやめてしまえば、四〇チャンネル分が丸々空く。

実際、イギリス放送協会（BBC）は、既にインターネットへの移行（地上波停止）を視野に入れている。日本でもいずれはそうなっていくことだろう。

そこに至る前の段階でも、県ごとのローカル局の放送波を、たとえば東北や九州などの広域でまとめられれば、「電波が県境を越えて飛んでしまう問題」は大幅に減り、四〇チャンネルもの帯域は不要になる。

ただ、こうした解決策には強い反対が予想され、そう簡単ではなかろう。短期的にできそうな現実的な解決策を挙げておくと、NHKの教育テレビ（Eテレ）の地上波停止だ。

このEテレは、基本的に全国同一の内容を放送するので、以前から衛星放送やネット配信に切り替えたらどうかとの議論があった。これに対する有力な反論は、「学校教育で使われており、地上波でしか観られない学校もある」ということだった。

だが幸い、「ＧＩＧＡ（Global and Innovation Gateway for All）スクール構想」で、全国の学校のインターネット環境は一気に改善している。現在ならば、地上波をやめてインターネット配信に切り替えても、大きな問題はないはずだ。

こうした議論も進まないのは、帯域を占有するコストがあまりに安価で、効率化のインセンティブが働かず、一方で総務省や政治は、テレビにはなかなか手を出せないからだ。

アメリカでは帯域を空けるため、二〇一六～二〇一七年に「インセンティブオークション」が実施された。従来テレビ用だった六一四～六九八メガヘルツ帯域をオークションで買い上げ、通信事業者に売却する、二段階のオークションだ。結果的に約一〇〇億ドル（約一兆五〇〇億円）で買い上げ、約二〇〇億ドル（約二兆一〇〇〇億円）で、Ｔモバイルなどに売却された。

また中国では、二〇二〇年四月、従来は放送用だった七〇〇メガヘルツ帯の九六メガヘルツ幅が、移動通信用に用途変更された。

市場メカニズムを活用するアメリカと、政府が強力に再編を進める中国……その狭《はざ》間《ま》で、どちらも中途半端な日本が「電波の開放」に出遅れるようなことになってはいけない。

最新のノーベル経済学賞は「オークション理論」に

二〇二〇年のノーベル経済学賞は、米スタンフォード大学のポール・ミルグロム教授とロバート・ウィルソン名誉教授に授与された。電波の周波数を割り当てる「オークション理論」の発展に貢献したと評価されたのだ。

実際にアメリカでは、一九九四年から電波の帯域を通信会社に割り当てる入札制が採用され、現在までに一〇兆円を超える収益が政府に入った。

このように「電波オークション」は、古い政策課題だ。「規制緩和」が潮流となった一九八〇年代から、世界各国で盛んに議論されてきたのだ。

かつて二〇世紀終盤までの世界では、西側諸国でも一定の経済統制が標準的であった。運輸・通信・電力・金融など多くの分野で、政府が価格や供給量を統制し、あるいは、最も強力な規制態様である国営・公営の事業運営がなされていた。

アメリカで政策転換の皮切りとなったのが、ジミー・カーター政権の航空自由化である。その後、ロナルド・レーガン政権、そしてイギリスのマーガレット・サッチャー政権で規制緩和と民営化が強力に進められ、世界に広がった。日本でも同じ時期、中曽根康弘《なかそねやすひろ》政権で、国鉄や電電公社の民営化などが実現した。

根底にある考え方は、「政府の役人が経済活動をすべて把握して最適配分することなど不可能だ」というもの。経済活動が大きく広がり複雑化するなかで、政府の統制による非効率性や、その結果としての成長阻害など、負の側面が拡大していた。

そうした負の側面を排除しようという流れのなかで行われたのが「電波オークション」だ。かつては世界各国とも、誰に割り当てるべきか政府が判断する「比較審査方式」が採られていた。

しかし、政府の役人は「全知全能」ではないし、政治的圧力で決定の過程が歪んでしまうこともある。それならば、「オークション」で入札額に応じて割り当てたほうが、公正に有効利用が図れるはずだ。

もともとは経済学者のロナルド・コース氏が一九五〇年代に提唱し、「規制緩和」の流れのなかで議論が本格化した。そうして一九八〇年代末以降、携帯電話の普及とともに、世界各国で導入された。いまや先進諸国はもちろん、インド、タイ、台湾などにも広がっている。

OECD諸国で唯一「電波オークション」を拒み続ける日本

実務の進展と連動して学術研究も進み、先述の通り二〇二〇年のノーベル経済学賞には、電波オークションの理論的研究を行ったポール・ミルグロム氏とロバート・ウィルソン氏が選ばれた。

そうしたなかで、OECD諸国では唯一、「電波オークション」を拒み続けてきたのが日本だ。議論は前世紀からあったが（一九九五年発足の行政改革委員会規制緩和小委員会など）、総務省（前世紀には郵政省）や携帯電話事業者・放送事業者など既得権者が強力に反対し、導入が阻まれてきた。

なお、世界各国でオークションが導入されているのは、基本的に携帯電話への新た

電波オークション導入国一覧

区分	導入国		主な未導入国
	第Ⅰ群	第Ⅱ群	
アジア	インド、韓国、シンガポール、タイ、台湾、パキスタン、バングラデシュ、香港、マカオ	インドネシア、カンボジア	日本、北朝鮮、中国、東ティモール、ブルネイ、ベトナム、モンゴル、ラオス
オセアニア	オーストラリア、ニュージーランド	フィジー	サモア、ツバル、パプアニューギニア、トンガ
中東	サウジアラビア、トルコ、バーレーン、ヨルダン	イスラエル、イラク	アフガニスタン、イエメン、オマーン、クウェート
ヨーロッパ	アイスランド、イタリア、イギリス、エストニア、オーストリア、オランダ、ギリシャ、クロアチア、スイス、スウェーデン、チェコ、デンマーク、ドイツ、ノルウェー、フィンランド、フランス、ブルガリア、ベルギー、ポーランド、ポルトガル、ルクセンブルク	アイルランド、アルバニア、ウクライナ、キルギス、スペイン、スロバキア、スロベニア、セルビア、ハンガリー、マケドニア、モルドバ、モンテネグロ、ラトビア、リトアニア、ルーマニア、ロシア	アルメニア、アゼルバイジャン、ジョージア、コソボ、ベラルーシ
北米	アメリカ、カナダ		
中南米	アルゼンチン、ウルグアイ、エクアドル、チリ、パラグアイ、ブラジル、ペルー、ホンジュラス	コスタリカ、コロンビア、メキシコ	ニカラグア、パナマ、プエルトリコ
アフリカ	ナイジェリア、モロッコ	アルジェリア、ガーナ、カーボヴェルデ、チュニジア、ブルキナファソ	ウガンダ、エチオピア、カメルーン、コートジボワール、ニジェール、ベニン、ブルンジ、マラウイ、モザンビーク

注：下線はOECD加盟国。

（参考）情報経済研究所作成、規制改革推進会議投資等ワーキング・グループ（2017年10月11日）における鬼木《おにき》甫《はじめ》・情報経済研究所所長提出資料。

出典：https://www8.cao.go.jp/kisei-kaikaku/suishin/meeting/wg/toushi/20171011/171011toushi01-2.pdf

な割り当てに際してのときである。本来、あまり放送事業者は関係ないはずなのだが、一緒に対象にされるという危惧《きぐ》からか、強力な反対を続けてきた。

しかし規制改革推進会議での議論などを経て、二〇一九年になって、ようやく電波法改正が行われた。「価格競争の要素を含む新たな割り当て方式」が創設されたのだ。先進各国から二〇年以上遅れての制度創設だったが、これもまだ実施には至っていない……。

総務省や携帯電話事業者が反対してきた理由は、以下のようなものだ。

① オークションを導入すればコスト負担が嵩《かさ》み、通信料金を上げざるを得なくなる。

② コスト負担から設備投資が遅れる。

③ 外資の参入で安全保障上の問題が生じる。

このうち③は明白なインチキといえる反論だ。必要な外資規制を導入すれば良いだけの話で、そもそもオークションとは関係ない。比較審査方式のもと、かつてイギリスのボーダフォンが参入していたことも周知の事実だ。

では、①と②についてはどうか。日本の現状を見れば、これらも嘘だったことが明らかになった。

通信料金は、オークションを導入した各国と比べ、むしろ高い。設備投資では、比較的に4Gの通信品質は良かったが、5Gではアメリカや韓国などに大きく後れを取った。

結局、日本の携帯電話事業者は、世界でも稀《まれ》な「安価に電波を利用できる環境」を与えられながら、これを活かすことができず、しかし寡占《かせん》状態を享受《きょうじゅ》し、ただ顧客を囲い込むビジネスモデルに安住してきた。その一方で、アップルとの不当な取引関係など、GAFAをはじめグローバルな巨大事業者からは利益を吸い上げられ、それを消費者に転嫁してきた――。

希少な電波の帯域上で、不健全な市場ができあがっていたわけだ。総務省は長年、「電波の割り当てを自分たちに任せてもらえれば最も有効な電波利用を実現できる」

と主張していたが、この結果を見ても、破綻は明らかだ。

電電公社民営化の成功に学ぶべきこと

このように総務省は、携帯電話市場において、健全な競争環境の実現に失敗してきた。

前世紀からの歴史に話を戻すと、一九八〇年代の初期には「規制緩和（deregulation）」という言葉が世界中で用いられた。これが一九九〇年代以降「規制改革（regulatory reform）」と言い換えられるようになる。その考え方は、「規制は単にすべてなくせば良いのではなく、必要なルールは設けて競争を促進し、市場が適正に機能するようにしなければならない」ということだ。

たとえば、電電公社を民営化して通信自由化がなされた当時、ＮＴＴ（日本電信電話）は巨大な存在であり、ただ単に「新規参入が可能である」といっても、独占状態が続くだけであった。そこで、支配的事業者に特別な義務を課す「ドミナント規制」を導入し、ＮＴＴの通信網の開放を進めた。市場メカニズムを実質的に機能させるために「競争促進」を行い、その成功によって、通信産業は大きく変貌《へんぼう》した。

いまなすべきことは、かつての通信行政に改めて学び、新規参入と競争を促進し、本来の「規制改革」を実行することだ。

たとえば電波の割り当てでは、新規参入者への優遇があっても良いはずだ。競争促進を本気で進めず、その場しのぎの料金引き下げだけに終わるようならば、日本の経済と社会の未来は拓けない。

日本でテレビ局と新聞社が一体となっているがゆえに

実は安倍政権のもと、二〇一八年、規制改革推進会議で「放送」について検討課題としたところ、大騒ぎになったことがあった。なぜか「政府が放送法第四条を撤廃しようとしている」という情報が流れたのだ。

その「放送法第四条」とは、次のような規定だ。

〈放送事業者は、国内放送及び内外放送（以下「国内放送等」という）の放送番組の編集に当たつては、次の各号の定めるところによらなければならない。
一　公安及び善良な風俗を害しないこと。
二　政治的に公平であること。
三　報道は事実をまげないですること。
四　意見が対立している問題については、できるだけ多くの角度から論点を明らかにすること〉

きわめて常識的なことを規定した条文といって良い。

実は、「放送法第四条撤廃」と書いたペーパーは政府内部で議論されていたようだが、規制改革推進会議では一度も議論していない。事実誤認の不思議な騒動であった。

異常な過熱報道につながったのは、「放送法第四条撤廃」イコール「民放解体論」として、テレビ局が自らに関わる問題だと捉えたゆえのことだろう。日本ではテレビのキー局と新聞社が一体となってグループを構成しているので、新聞社にとっても同様である。

事実をいえば、当時の会議で、既存の放送事業者の解体を目的と考えたことは一度もない。また一方で、既存の放送事業者を守ろうという産業保護的な発想もなかった。

そのなかで、蜃気楼《しんきろう》を的にした不思議な大論争が、マスコミで繰り広げられたのである。

新聞が実現していることを怖れるテレビ局

現状、放送法第四条は、放送局（テレビ、ラジオ）には適用されるが、他方、インターネット放送には適用されない。だから、通信の規制に合わせて放送法第四条を撤廃すべきだというのが撤廃論だ。

その反対論は、放送法第四条を撤廃すれば、政権べったりの放送や客観性を欠く放送などが横行する、ゆえに撤廃すべきではないというものだ。

どちらの意見にも違和感がある。まず反対論は、まったく理解できない。放送法第四条がなければ、本当に公序良俗に反し、政治的に不公平であり、客観性を欠く番組が作られるのだろうか？　放送事業者がこうした主張をするのは、自己否定としかいえない。現に、新聞にはこうした規定はないが、虚偽報道だらけになっていると主張するのだろうか？

一方で、撤廃論にも違和感がある。放送では放送法第四条を守らなければならず、インターネット放送では守らなくても良いというのはなぜなのか？　そうした疑問はもっともだ。しかし、だから撤廃すべきだというのは論理の飛躍だ。

現在のテレビ放送の番組制作者に話を聞くと、やはり「スポンサーへの忖度」と「視聴率への忖度」は間違いなくある。このような忖度のために、番組の作り手たちが、本来は伝えるべきだと考えていることを伝えられていない。放送法第四条は、そうした意味で、とっくに空洞化している。

今後、放送事業の経営が厳しくなれば、ますますスポンサーと視聴率に対する忖度をせざるを得なくなる。放送法第四条の空洞化は、さらに拡大しかねない。

この問題にどう対応したら良いのか？　少なくとも作り手たちが自らの信念を貫

き、無用な忖度をはねのけるための解決策は、確固たるビジネスモデルの獲得であるはずだ。

これからの社会に対応できる確かなビジネスモデルがあり、経営が盤石《ばんじゃく》であるならば、短期的には視聴率を落とすなどのマイナスがあったとしても、中長期的には視聴者の信頼を勝ち得るメディアになることを実現できるはずだ。

それを支えるのが「新規参入」と「競争」なのである。

プロ野球球団とテレビ局の比較で分かること

新規参入と競争のないところに、発展はない。これは、産業でも文化でも政治でも、どんな領域でも同じだ。

プロ野球とテレビ局を比較してみれば分かりやすい。

プロ野球の球団には、その時代に最も勢いのある事業者が参入してくる。かつては鉄道会社や映画会社が目立ったが、替わってオリックス（一九八九年）、ソフトバンク（二〇〇五年）、楽天（二〇〇五年）、ＤｅＮＡ（二〇一一年）などが参入してきた。
翻《ひるがえ》って地上波テレビ放送のキー局は、一九七〇年代に新聞社との系列が整理され（一九七三年に東京十二チャンネル、一九七七年に全国朝日放送〈テレビ朝日〉と社名を変更）、それから四〇年以上、新規参入がない。

その時代に最も資金力、人材、アイデアのある企業が参入してこそ、業界が活性化し、発展するはずだ。

だが、放送業界の人たちと話すと、「金儲け優先の企業を神聖なテレビの世界に入れるわけにはいかない」などという反応が少なくない。かつて二〇〇〇年代にライブドアや楽天がテレビへの参入を企図したときは、まさにそうした強烈な抵抗で阻まれた。

しかし、資金がなければ記者も制作スタッフも雇えない。結果、そこに「忖度」が生まれてしまう。志と放送法第四条だけでは、報じたいことも、報じるべきことも、放送し続けられないのである。

では、なぜ放送では「新規参入」と「競争」が乏しいのか？

実は放送の分野では、新規参入を阻む規制がいくつもある。たとえば、認定放送持株会社の議決権保有の割合は、三分の一以下に制限されている。電波割り当ても参入規制の一つだ。

また、規制緩和と規制改革については先に触れたが、強力なプレイヤーが存在するなかで競争を促進する仕組みは整えられていない。放送法第四条をめぐる空疎な論争より、こうした議論のほうがずっと大事なのである。

コロナ禍でもNHK放送センター建て替え計画が進行中

最近のNHKが打ち出す政策もおかしい。

高橋はかつて、二〇〇五年一一月から二〇〇六年九月まで、総務省に勤務したことがある。竹中平蔵《たけなかへいぞう》総務相時代に総務相補佐官を務めたのだ。そのときに、菅義偉氏は総務副大臣だった。それ以来、通信・放送関係では、いくつかの改革を提言してきた。

二〇二〇年一一月、受信料制度などの見直しについて、NHKはテレビ設置の届け出義務や居住者情報照会の制度化を要望した。しかし、これらはさすがに見送られた。

確かにテレビを設置すると、ＮＨＫと契約する法的義務が生じる。ただ、テレビを持っていない人にまで「持っていません」と届け出ろというのは、やり過ぎだろう。しかも、居住者情報照会となると警察レベルの権限なので、これも国民の理解を得られるはずがない。

しかし、このテレビ設置の届け出を見送る代わりに、テレビを保有していても受信契約の締結に応じない場合には割増金を課す制度を法制化する、と報じられている。

普通に考えると、ＮＨＫは現在の受信料制度を維持するよりも、スリム化しながら受信料制度に依存しないようにするべきなのだが、ＮＨＫはあくまでも受信料制度を維持しようとしているようだ。

実のところ、ＮＨＫでは、スリム化とはまったく真逆の動きもある。

現在のＮＨＫ放送センターの建て替え計画については、コロナ禍においても、二〇一八年四月、建て替え工事（第一期）設計施工業者が決定し、二〇二〇年九月には解体工事に着手した。二〇二一年五月に着工の予定である。

まるでＮＨＫ側は「スリム化しないため」の既成事実を積み上げているように見える。どう考えてもＮＨＫ改革は必要だ。

「プラチナバンド」を二チャンネルも持つＮＨＫ

ＮＨＫの分割・民営化は、一朝一夕《いっちょういっせき》にはできないだろう。しかし、まず手を付けるべきは、教育テレビ（Ｅテレ）の売却だ。

いま若い世代を中心にテレビを持たない人も多く、既に映像はスマホやタブレットで観る時代だ。そうした時代に、ＮＨＫがＥテレを持ち、電波という公共資源を独占しているのは疑問である。

携帯電話システムの場合、五〇〇メガヘルツ～一ギガヘルツの周波数帯が使いやすいとされ、特に七〇〇～九〇〇メガヘルツでは電波がより遠くまで届く。この周波数帯だと電波が建物の陰にも回り込みやすく、結果として必要な設備が少なくて済むので、「プラチナバンド」と呼ばれる。

現在、このプラチナバンドに近い四七〇〜七一〇メガヘルツの周波数帯を、NHKと民放の地デジ放送が、四〇チャンネルに分割して利用している。そして、テレビ局で地上波を二チャンネルも持っているのは、NHKだけだ。

そこでEテレのチャンネル（周波数帯）を売却して携帯（通信）用に利用すれば、通話だけではなく、もっと多種多様な映像コンテンツを同時に配信できる。Eテレが占有していた電波の一部を政府が使えば、確定申告などの各種行政サービスにも利用できる。

もちろん、Eテレには良い番組も多い。ただ、それらはネット配信に回せばいいだろう。

NHKは国会の予算委員会の一部だけをテレビ中継しているが、国はすでに国会中継をネットでライブ配信しているから、それにも使える。Eテレの電波を通信に再配分したほうがより公共のためになるし、NHK自体のスリム化にもつながる。

これまで、Eテレのチャンネルを開放できない理由として、NHKは「教育放送のために地上波が必要だ」といってきた。確かに全国的に見ると、コンテンツの優れた教育放送を地上波でしか流せない地域もあった。ところが現在、文部科学省は「GIGAスクール構想」を打ち出しており、状況は変わっている。

Eテレのチャンネル開放で財源も

高橋が陪席した二〇二〇年一一月二七日の経済財政諮問会議でも、萩生田光一《はぎうだこういち》文科相は、「GIGAスクール構想」を説明した。

ハード面では、児童・生徒一人に一台の端末環境の実現、高速通信環境の整備、家庭学習のためのモバイルルーターの整備、低所得世帯への通信費支援などを挙げた。そしてソフト面では、デジタル教科書の普及促進や教育データの利活用を、人材面では、指導者の養成ならびに研修の実施やICT支援員などの体制整備を挙げた。

要するに、NHKがこれ以上電波を独占している必要がない状況になっているのだ。これならば、Eテレのチャンネルを開放できるはずだ。

しかも、Eテレのチャンネルを開放することで、財源を作ることもできる。では、どうやって財源を得るのかといえば、電波オークション経由が考えられる。

日本では二〇一九年の電波法改正で競争入札方式の電波オークション導入が検討されたが、総務省やテレビ局の抵抗で、その本格的な導入は見送られたと見られている。しかし、「価格競争の要素を含む新たな割り当て方式」が創設されたので、先進各国から二〇年以上も遅れたことになるが、電波オークションが実施できる制度になった。

ちなみに、世界で電波オークションをやっていない国は、日本と中国、そして北朝鮮くらいである。

先述の電波オークションの実務的な仕組みを考案したスタンフォード大学のポール・ミルグロム教授とロバート・ウィルソン名誉教授――彼らのノーベル経済学賞授賞理由には、「これによって世界各国の受り手や買い手、納税者は大きな利益を得た」と書かれている。

しかし地上波ニュースでは、授賞理由は報じられない。なぜなら「世界各国から日本は除く」といわねばならないからだ。

電波の世界から見ると、テレビ放送も通信も、実体は同じだ。テレビはメディアとして衰退しつつあり、映像コンテンツは通信で観る時代になっている。同じ映像を流すことができて、コストは通信のほうがはるかに安いのだから、それも当然だ。それなのに日本では、電波の利用において無駄があり、通信用の電波が足りない。

つまり、Ｅテレのチャンネルのオークションは、いまが絶好のチャンスなのだ。アメリカなどで利用されているような本格的な立ち退《の》き制度によって、Ｅテレのチャンネルを売却し、通信に利用しやすい周波数帯を携帯電話事業者に対して売却すれば良い。

その結果、受信料の引き下げだけが実現するのではなく、携帯電話事業者の設備投資が少なくて済むようになる。するとスマホの利用範囲が広がって、新たなビジネスが増え、携帯料金が下がるという好循環も見込まれる。

国民とＮＨＫの双方ウィンウィンの改革

そして、Ｅテレ売却の先にあるのが、ＢＳの分割・民営化だ。

ＮＨＫは地上波のほか、「ＢＳプレミアム」「ＢＳ１」「ＢＳ４Ｋ」「ＢＳ８Ｋ」の四つの衛星チャンネルを持ち、二〇二〇年一二月現在、月額二二七〇円（口座・クレジット払いの場合）のＢＳ契約の受信料（地上契約を含む）を徴収している。

そのＮＨＫは、地上波もＢＳもすべての番組が公共放送であるという前提で受信料を取っている。しかし公共経済学では、ある分野での公費支出が正当化されるかどうかは、一般的に「国民の納得、了解があるか」で判断される。

たとえばＮＨＫのドキュメンタリーやニュースなどは別にして、ドラマ、スポーツ、音楽、ワイドショーなど、民放が商業放送しているような番組にまで公費を支出することに対し、国民が納得しているとは思えない。

特にＢＳ放送は、音楽やスポーツなどエンタメばかりで成り立っており、コンテンツも地上波と重複しているにもかかわらず別料金を取っており、受信料の二重取りに近い。

ＢＳはＮＨＫ本体から分割・民営化し、独立採算制の商業放送にすべきだ。現に商業ＢＳ局もあり、国民にも分かりやすい。

イギリスの公共放送ＢＢＣも、国際ニュースとドキュメンタリーの専門局を別会社にして、商業放送を行っている。こうしてＢＳを民営化すれば、残るのは「ＮＨＫ総合」の地上波一チャンネルとラジオだけとなる。

ＮＨＫの番組で真の公共放送と呼べるのは、災害情報と選挙の政見放送くらい。この公共放送分に見合う受信料は、せいぜい月額二〇〇～三〇〇円だろう。

これを受信料として徴収せず、税金として徴収してもいい。その程度の金額なら国民も納得できる。

それで財源が足りなければ、ＣＭを流して補う。世界の公共放送では、受信料だけでなく、ＣＭで収入を賄《まかな》っているところが多い。

ＮＨＫは現在の受信料制度にしがみつこうとしているが、むしろ受信料依存体質から脱することで、生き残る道が拓ける。たとえば通信で番組を提供すれば、設備投資のコストが減り、経営をスリム化しやすくなる。

しかもＮＨＫは、大量のアーカイブスなど、価値が高い豊富なコンテンツ資産を持っているから、映像コンテンツの販売をビジネスの一つの柱にすることも可能だ。

Ｅテレ売却から始まる改革は、国民にとっては受信料を大きく引き下げるメリットがあり、一方のＮＨＫも、スリム化によって必要な投資が減る。これはＮＨＫを含め、すべての国民にとってウィンウィンの改革になるだろう。

第4章

日本が完全に甦る

デジタル教育

＊本章は原英史が担当しました。

「法律」や「閣議決定」より強い「告示」と「通達」

日本では、「法律」や「閣議決定」は、それほど強いルールではない……そういったら、おかしな話をするヤツだと思われるかもしれない。

「法律」は国会で定められる。「閣議決定」は閣僚全員で定められる。いずれも最高水準の重みのある規範だ。それらで定められたら強い拘束力があるに決まっている、と普通は思うのではなかろうか。

ところが、現実はそうではない。「法律」や「閣議決定」よりずっと格下の規範として、各省庁の発出する「告示」や、一官僚の名前で発出する「局長通達」「課長通達」があるが、これらのほうが実は強い力を持つ。そして、「法律」や「閣議決定」を覆してしまうことがしばしばあるのだ。

加計学園問題で広く知られた獣医学部の規制は、その一例だ。もともと「獣医学部の新設禁止」というルールが存在したため、国家戦略特区の特例措置として新設を認めたことが事案の発端《ほったん》だった。

この件については、原は国家戦略特区ワーキンググループ委員として直接に関わったので、本当は述べたいことが多々ある。事実と報道された内容とはまったく違っていたが、ここでは省き、ルールの部分にだけ着目する。

そもそも「獣医学部の新設禁止」などということが、一体どこに定められているのか？　法律上は一切、禁止されていない。学校教育法第四条には、「学部新設には文科大臣の認可が必要」とだけ定められている。つまり、「認可申請を出して審査を通れば新設できる」というのが法律上のルールだ。

ところが、ここで「告示」が出てくる。「大学、大学院、短期大学及び高等専門学校の設置等に係る認可の基準」と題する文部科学省告示で（平成一五年文部科学省告示。それ以前はより格下の運用基準で同様の規定が定められていた）、「獣医学部の新設は一切認可しない」とされたのだ。

それならば、本来は、法律で「新設禁止」と定めないとおかしいはずだ。ところが、国会の議決を要する法律ではなく、文部科学省が勝手に発出できる告示で、「認可が必要」を「新設禁止」と書き換えてしまっていた。これが、五〇年以上、獣医学部の新設がなかった所以《ゆえん》だ。

なぜ小中高校でオンライン授業は広まらなかったのか？

こうしたことは決して稀《まれ》ではない。二〇二〇年のコロナ禍に対応したオンライン授業に関しても、同様のことがあった。

三月以降、学校の休校が続くなかで、大学ではオンライン授業が一気に広がった。しかし小中高校では、私立や一部地域を除き、導入がなかなか進まなかった（四月の文部科学省調査では、臨時休校中に「同時双方向型」のオンライン授業を導入した小中学校は五％）。その裏側にも、ルールの書き換えがあった。

その前に背景を少し説明しておくと、オンライン授業はもともと、小中高校ではほとんど認められていなかった（次ページの図表参照）。これも規制改革の世界では長年の課題であった。そして原が委員を務めた規制改革推進会議などでも、コロナ禍以前から、繰り返し取り上げてきた。

そうして「生徒や学生たちが教室にいて、教室外にいる教員が行うオンライン授

デジタル教育——類型別の整理

	教室での対面授業	同時双方向			オンデマンド同時一方向
		生徒・学生は教室に		生徒・学生は自宅に	
		配信側だけでなく、受信側にも教員	受信側には科目免許のある教員がいない	受信側に教員不在	
小中学校	○	○	×(2019年～中学は特例校で実証)	×(不登校、病気療養では特例) ↓ コロナ特例:△	×(不登校、病気療養では特例) ↓ コロナ特例:△
高校	○	○	○(2015年～。74中36単位、科目免許は不要だが教員が受信側にいることが条件)	×(不登校、病気療養では特例) ↓ コロナ特例:△+単位上限柔軟化	×(不登校、病気療養では特例) ↓ コロナ特例:△+単位上限柔軟化
大学	○	○	○(124中60単位)	○(124中60単位) ↓ コロナ特例:単位上限柔軟化	○(124中60単位) ↓ コロナ特例:単位上限柔軟化

業」についてはようやく風穴を開けつつあったが、「生徒や学生たちが自宅で受けるオンライン授業」については、まだまだこれからという段階だった。

そこにコロナ禍が直撃し、規制改革の遅れが顕在化した。政府もさすがにまずいと認識して迅速《じんそく》な検討がなされ、四月七日に閣議決定された「新型コロナウイルス感染症緊急経済対策」(https://www5.cao.go.jp/keizai1/keizaitaisaku/2020/20200407_taisaku.pdf)では、自宅で受けるオンライン授業も「正式な授業に参加しているものとして認められるようにする」と決定された。これは、大前進のはずだった。

ところが、問題はここからだ。閣議決定のあと、四月一〇日に文部科学省初等中等教育局長が通達を発出（https://www.mext.go.jp/content/20200410-mxt_kouhou01-000004520_1.pdf）。さらに四月一七日には、Ｑ＆Ａも公開された（https://www.mext.go.jp/content/20200417-mxt_kouhou02-000004520_5.pdf）。そこには、以下のような内容が記載されている。

・自宅オンライン授業はあくまで「家庭学習」であり、家庭学習を授業そのものと認めるものではないため、授業時間数としてカウントはしない。
・したがって、学校再開後に対面指導でやり直すことが基本である。
・校長が指導不要であると判断したときには、対面指導を行わなくとも良いが、これは再開後の休校が長期化するなどした結果、「どうしても指導が難しくなる事態」に備えたものである。

つまり、オンライン授業は「正式な授業」とは認めない。しかも、原則と例外をひっくり返し、「原則として再開後に対面授業によってやり直す」というわけだ。

これは、閣議決定を覆《くつがえ》しているに等しい。だが、そうはいっても自治体や学校は、文部科学省の指導に従わないわけにはいかない。結果、閣議決定のほうが空文化したわけだ。

どのみち再開後にやり直さないといけないのでは、多くの自治体や学校がわざわざオンライン授業に踏み切らないのは無理のないことだった。

デジタル教育で理解度に応じ個別最適な授業を

デジタル教育の課題は、まだまだある。いま懸案になっているのは、いわゆる「同時双方向型」のオンライン授業だ。

これは、教室での対面授業をテレビ会議方式に切り替えることに過ぎず、学校以外の世界では、とっくの昔に当たり前になっていることである。それさえも、規制と通達の壁で、なかなか進まずにきた。

だがデジタル教育が本当に価値を発揮するのは、その先だ――。

伝統的な学校では、教室で一斉授業がなされ、分かった子も分かっていない子も、同じ時間に同じ授業を受けてきた。いわゆる落ちこぼれや吹きこぼれの問題を、なかなか解決できずにきた。

これを飛躍的に改善できるのがデジタルだ。生徒たち個人の理解度や習熟度に応じ、個別に最適な教育を提供することが可能になるからだ。

そこまで進むには、またさらなる規制の壁が立ちふさがる。科目や単元ごとの標準時間数の制約、教材の著作権の扱い、学習データをデジタル処理する際の個人情報ルールとの兼ね合いなど、数々の課題を解決しなければならない。

菅政権は発足後早々に、「デジタル教育」を今後の優先課題の一つと位置付けた（二〇二〇年九月二三日、デジタル改革関係閣僚会議）。とっくの昔に可能になっていたことを規制で抑え込んできた現状を打ち破り、改革が大きく前進することを期待したい。

ただ、首相や大臣がいかに旗を振っても、役人の通達一本でひっくり返されているのでは、規制改革は進まない。「法律や閣議決定より通達のほうが強い」という構造を打ち破れるかどうかも、焦点の一つとなる。

遠隔教育が実現すれば休校は不要

規制改革の世界では、これまでも、遠隔教育は大きな課題の一つだった。原は二〇一九年三月に出版した『岩盤規制』（新潮新書）で、次のように書いた。

〈なぜ遠隔教育を議論するかというと、特に英会話やプログラミングのような新たな科目では、教えられる先生はどうしても限られる。これから、さらに新たな科目が拡大していく中で、テレビ会議方式の遠隔教育の必要性は高いからだ。

また、少子化と地方縮小に伴い、とりわけ過疎地などでは、学校規模の縮小や、学校の統廃合も進んでいる。都市部と比べて十分質の高い教育が得られなかったり、学校が近くにないために若者が地方を離れざるを得ないことにもつながる。ここでも、遠隔教育は有効だ〉

このときは、まさか「新たな科目」や「教育機会の均等」といった要因ではなく、新型コロナウイルス感染症対応のため早急に遠隔教育が必要に迫られる事態になるとは、思いもよらなかった。

もっと早く「遠隔教育」が実現していれば、コロナ禍への対応はずっとスムーズだったはずだ。学校を休校にしなくとも、「学校に来ないで自宅で授業を受けましょう」とするだけで良かったのだ。

対面至上主義が阻むオンライン授業

ではなぜ、これまで遠隔教育は進まなかったのか？

テレビ会議やテレビ電話の技術は、二〇〇〇年前後から広く一般に普及している。ビジネスでの活用はもちろん、個人でも日常生活で当たり前に使えるようになった。民間の予備校や英会話スクールなどにも導入されている。ところが学校教育では、規制のため、ほとんど活用されていないのが実情である。

というのも、教育とは先生と生徒が同じ教室にいることが大前提とされ、遠隔教育では「机間指導《きかん》」ができないとされた。こうした理由で制約されてきたのだ。

ここでいう「机間指導」とは、読んで字のごとく、教師が生徒の机の間を歩きながら回って指導することである。机の間を回って子どもたちと直《じか》に接して教える「対面」が基本だ、というわけだ。

しかし、こうした問題は、実はもう技術的に解決されている。たとえばアメリカのミネルバ大学という全寮制の学校では、すべての学生がパソコンを使ってオンラインで授業を受ける。その際、教師は、学生が何度発言したか、きちんと授業に参加しているか、それらが分かるようになっているのだ。

机の間を回っても、先生が見ていないときに子どもたちは消しゴム投げをしているかもしれない。それでも文部科学省は、「机間指導至上主義」に固執していたのだ。

遠隔教育への抵抗が強かった背景としては、まず現場の先生方にとってハードルが高いという問題があった。ただでさえ校務や部活などで忙しいなか、これまでやったことのないオンライン対応のために準備をすることは、当然、大変な負担である。

また、教師の実力がはっきり表れてしまうことを気にする向きもあったのかもしれない。オンライン化するからといって、すべての授業を公開するわけではないが、家庭で親が一緒に観る機会もあるだろうし、録画してほかと比較したら、教師の実力の差が一目瞭然《いちもくりょうぜん》となるからだ。

小中学生への五〇〇〇億円の投資が輝かしい未来を

しかし、こうした現場の問題以上に、根本的には文部科学省が後ろ向きなのである。なぜか？　文部科学省が、「遠隔教育を導入すると教員の人数削減につながる」との危惧を抱いているからだ。

というのも、教員の人数削減は、文部科学省の予算の削減に直結する。たとえば小中学校の場合、運営は市区町村だが、教員の人件費の三分の一は国が負担する仕組みだ。文部科学省にとっては、国の予算を確保して自治体に配ることこそが権力の源泉。予算削減につながりかねない遠隔教育に後ろ向きなのは、このためである。

すなわち文部科学省の予算という「利権」が、子どもたちにとって役に立つはずの遠隔教育を阻んできたことになる。

また、パソコンといった端末機器が足りないという問題も継続してきた。しかし、二〇一九年一二月に閣議決定された「ＧＩＧＡスクール構想」、すなわち児童・生徒一人に一台の学習用端末を与え、高速大容量の通信ネットワークを全国一律に整備する構想は、コロナ禍に対応して加速する方針となった。

しかし、一人一台の学習用端末の環境は、まだまだ実現していない。学校は「令和」ではなく、「昭和」からようやく脱却しつつあるくらいの段階なのである。

オンライン授業などＩＴを使った教育のメリットは、単に自宅で授業を受けられるという点だけにとどまらない。教育を、より良くし、質の高いものに進化させていく可能性を秘めている。

将来を担う子どもたちに投資しなくて、どうするのか。

日本の小中学校の生徒数は、約九五九万人（二〇一九年）。現在なら五万円も出せば立派なノートパソコンが購入できるので、一度に予算化しても、せいぜい五〇〇〇億円である。「研究開発国債」として、国債を発行しても良いだろう（序章参照）。

日本の将来を考えれば、デジタル教育の推進は、菅政権にとって急務である。

第5章

オンライン診療を厚労省から守れ

＊本章は原英史が担当しました。

全国一〇万の医療機関のうち一二〇〇のみがオンライン診療を

コロナ禍のなか、もし普及していれば間違いなく国民にとって大いに役立ったのが「オンライン診療」だ。

オンライン診療というテーマは、ここ二〇年くらい議論されている。が、現行の日本の医療は基本的に対面で行わなければならないことになっており、これまで進んでこなかった。これは、教育と同じ理由である。

最初は離島や僻地《へきち》で例外的に認められ、徐々に認められる範囲が広がってきたものの、何度かの揺り戻しもあり、なかなか前進しなかった。

二〇一八年には、診療報酬体系にもオンライン診療が位置付けられたが、いろいろな制約があり、実施している医療機関はごく少ないままだった。

二〇二〇年春のコロナ禍による緊急事態宣言の頃には、全国一〇万の医療機関のうち、オンライン診療に対応している医療機関としてリストに掲載されていたのは、わずか一二〇〇程度に過ぎなかった。

コロナ禍で主張を変えた厚労省の不思議

もちろん、もしオンライン診療が可能でも、ご高齢の方がいきなりタブレットを持ってできるものではない。しかし、コロナ禍が起きる前にオンライン診療がもっと普及しており、ご高齢の方も慣れていれば、状況はまったく違っただろうと悔やまれる。

コロナ禍のような事態では、病院に行ったらむしろ感染するリスクが高まるわけだから、特に高齢者や持病のある方は、できればオンライン診療にしたいはずだ。

また、受診する側だけではなく、医師や看護師たちにも感染リスクはある。そして、多少具合が悪くても通院を控えてしまうという、危険な状態も生んでしまった。

そこで厚生労働省は、二〇二〇年四月、「感染が収まるまで」という期間限定で特例を許し、初診でもオンライン診療を認めることにした。

ただし政府の閣議決定の文書を見ると、「オンライン診療・電話診療の拡充」と書いてある。これは変な話で、これまで規制改革の議論で「オンライン診療をもっと認めるべき」という主張に対し、厚生労働省は「対面で五感をフルに使って診察しないと見落としのリスクが生じるため、テレビ電話では不十分である」と主張してきたのだ。

ところが、いったん認めるとなると、「画像なしの電話でも良い」ということになっている。見落としリスクはどこへ行ったのか、心配になってしまう。

これは、現実問題として、多くの医療機関がオンライン診療に適応できず、電話ならば可能であるということだろう。また受診するほうも、特に高齢者などはテレビ電話を使うことが難しいからだと思われる。

しかし、こうしたときだからこそ、オンライン診療を拡充すべきであり、そのために政策資源を投入すべきだろう。もっと医療機関に対する助成や支援を行い、同時に高齢者への周知もきちんと行うべきである。

オンライン診療でも法律の根拠不明な通達規制

オンライン診療の規制も、オンライン教育と同様に、通達でなされている。そして、法律上の根拠はあやふやだ。本来、国民の義務の設定や権利の制限は、国会で定める「法律」に基づいて行われなければならない。これが法治主義の大原則だ。閣議決定で定める「政令」や大臣が決定する「省令」では、法律の委任がない限り、義務設定や権利制限を行ってはならない。これは、内閣法や国家行政組織法に明文規定がある。

〈内閣法第一一条　政令には、法律の委任がなければ、義務を課し、又は権利を制限する規定を設けることができない〉

〈国家行政組織法第一二条第三項　省令には、法律の委任がなければ、罰則を設け、又は義務を課し、若《も》しくは国民の権利を制限する規定を設けることができない〉

……ましてや、局長や課長の発出する「通達」で義務の設定などを行ってはならないことは当然だ。

かつて、医薬品のインターネット販売について、法律にはどこにも「禁止」と書いていないのに、省令で唐突に「禁止」されたことがあった。このケースは裁判で争われ、結局、最高裁判所で「新薬事法の委任の範囲を逸脱し無効」と判示された。厚生労働省はやむなく、国会での審議を経て、法律に禁止規定を入れざるを得なくなった。

ところが問題は、これ以外にも法律に基づかない規制が大量にあり、それらが放置されていることだ。オンライン診療もその一つといって良い。

一応、厚生労働省の言い分では、医師法第二〇条が根拠だというのだが、これは「無診察診療禁止」の規定だ。医師は自ら診察しないで治療をしてはならないと書かれている。

この文面で「オンライン診療の原則禁止」を意味すると読むのは、かなりの無理筋だ。少なくとも制定当時に法案を審議した国会議員たちは、この条文がのちにそんな意味を持つことになるとは、考えもしなかっただろう。

あとは、厚生労働省の通達やガイドラインで、初診は禁止、離島・僻地なら構わない、といったルール設定がなされてきた。

現場の臨機応変な対応を妨げる匙加減行政

こうした通達による規制には、民主主義の原則論の問題もあるが、より実務的には、規制があいまいで不透明になりがちになるという問題もある。役人の通達一つで規制がなされ、文面の解釈も役人の匙《さじ》加減《かげん》次第になってしまうからだ。

オンライン診療の場合も、「初診禁止」が大問題になり、二〇二〇年四月のコロナ禍における特例措置で認められることになった。

だが、これも実は、厚生労働省の匙加減で決まっていたに過ぎない。というのも、それ以前からあったガイドラインでも、初診は絶対禁止と書かれていたわけではなかったのだ。

〈「オンライン診療の適切な実施に関する指針」（二〇一八年三月、厚生労働省）

初診は、原則として直接の対面による診療を行うこと。

例外として、患者がすぐに適切な医療を受けられない状況にある場合などにおいて、患者のために速やかにオンライン診療による診療を行う必要性が認められるときは、オンライン診療を行う必要性・有効性とそのリスクを踏まえた上で、医師の判断の下、初診であってもオンライン診療を行うことは許容され得る〉

文面だけを見れば、医師の判断でできそうにも思えてしまうが、実際には、「この例外条項はごく限定的にしか認められない」というのが厚生労働省の運用だった。現場の医師からすると、場合によっては医師法違反に問われる可能性もあるので、いくら文面上は「許容され得る」と書いてあるからといっても、軽々に臨機応変な対応をすることはできないわけだ。

同じような事例はほかの分野にも多数あるが、規制が不透明で、当局の匙加減次第になっていると、現場の臨機応変な対応や、新たなチャレンジ、そしてイノベーションが妨げられてしまう。

オンライン診療に限らず、デジタル化への対応を阻害する多くの規制には、もともとなる法律を制定したときには「デジタル」などまったく想定されていなかったという背景がある。だから、明確に「デジタル対応は禁止」と規定されているわけではなく、通達や強引な条文の解釈により、不透明なままに「禁止」されているケースが大半なのだ。

本来は、法律に根拠のない規制は認められないのだから、この際、こうした規制を洗い出して、合理的な規制を再設定し直したら良いだろう。

規制改革の議論で危険なレッテル貼りとは

オンライン診療について補足しておくと、規制が不要なわけではない。「日本医師会がオンライン診療に反対するのは、中小・零細医療機関などの利権を守っているだけだ」といった趣旨の記事や主張を目にすることもあるが、これは一面的な見方だ。

この種の議論で、「利権」「既得権」「抵抗勢力」などとレッテルを貼って切り捨てるのは、事情をよく知らない一般の人向けには分かりやすい。しかし、日本医師会などが指摘する「オンライン診療では触覚・臭覚を使えず、見落としリスクがある」という点は、その通りである。

医療というのは人命に直結するわけだから、もっともな理由のあることを軽視してはいけない。

もちろん日本医師会は、定款《ていかん》にも明記されている通り、「医道の高揚」とともに「医業経営の安定」も担う団体だ。もっともな理由のある一方で、「医療機関を守る」視点が紛れている可能性は、常に頭の隅に置いておく必要がある。

規制改革の議論ではしばしば、改革側は「改革に反対する業界は利権を守っているだけだ」と主張し、反対側は「素人《しろうと》が安全性などをわきまえず乱暴な議論をしている」と主張しがちだ。同じ議論を、正反対の構図で描いて発信することがある。しかし、どちらも分かりやすいが不正確であり、無用な批判による混乱を引き起こしてしまう。自分自身、つい前者の側の主張をしてしまっていることがあるので、ここは自戒を込めて記しておきたい。

不毛な分断に陥ることなく、正しい結論を導く規制改革を進めなければならない。

第6章

マイナンバーと行政オンライン化で縦割り打破

＊本章は髙橋洋一が担当しました。

コロナ禍で露呈した日本のＩＴ後進性

新型コロナウイルス感染症への対応において、「やっておけば良かった」という政策や規制改革は多いが、「マイナンバー」もその一つだ。

マイナンバーは国民全員に配布されているのだが、番号として認識している国民は、非常に少ない。コロナ禍では、台湾政府がマスクを買い取って国民に平等に配布したことが評価されたが、その成功の要因は、マイナンバーが行政のなかできちんと機能していたことである。

日本では、せっかく設けられたマイナンバーも利用目的が限定され、一〇万円の特別定額給付金の支給に際してもうまく利用できなかった。全国自治体では、職員が申請書と住民台帳を突き合わせ、膨大《ぼうだい》な事務作業に追われることになった。

そもそも日本のマイナンバーの導入は、先進国のなかでも、最後になった。

アメリカをはじめとする先進各国では、かなり前から共通番号制が導入されている。アメリカでは「社会保障番号」、カナダでは「社会保険番号」。スウェーデン、デンマーク、ノルウェーでは「個人識別番号」、フランス、韓国では「住民登録番号」。オーストラリア、イタリアでは「納税者番号」。これらはほかの制度の運用にも利用されており、共通番号制になっている。

そして上記の国々では、納税の際にも、これらの共通番号を利用している。と同時に、預金口座開設時にも共通番号を届け出るのが常識だ。

髙橋はアメリカで生活した経験があるが、アメリカ到着のその日のうちに地方事務所に行き、社会保障番号の取得手続きを行った。何しろ、社会保障番号がないと銀行口座も開けず、自動車免許も取れず、アメリカでの生活は不可能であるからだ。

日本のマイナンバーには使用制限があるが、アメリカでは、銀行口座開設、自動車保険申請、自動車免許取得、クレジットカード取得など、あらゆる生活基盤と社会保障番号がリンクしている。

このアメリカでは、社会保障番号にリンクされた銀行口座があるため、コロナ禍で給付金を実施すると決定してから二週間で、政府から個人口座への振り込みが行われた。

地方自治体が個人の住所に給付金のお知らせを郵送し、返送された内容を再び地方自治体で審査して預貯金口座に振り込むという日本の方式より、はるかに早く給付金を支給できた。

マイナンバーの導入が遅れた政府のＩＴ後進性が、コロナ禍の給付金支給で露呈してしまったのだ。

マイナンバーの税務申告で課税の公平化を

このマイナンバーは、お金をかけて始めたわりには使い勝手が悪い。

そもそも「国民総背番号制反対」という左派系野党の圧力で目的が限定されるなど、中途半端なかたちでの導入となってしまった。その野党が、今度は「給付金の手続きが遅い」と批判しているのは、いかがなものだろうか。

髙橋個人は、毎年、税務申告をオンラインサービス「ｅ－Ｔａｘ（国税電子申告・納税システム）」で行っており、マイナンバーカードを持っている。コロナ禍の一〇万円の給付金も、一〇分で簡単にオンライン申請ができた。そして二週間後には、銀行口座に一〇万円が振り込まれていた。

コロナ禍でオンライン申請をした人は、マイナンバーと預貯金口座のリンクが済んでいるはずだが、現在の法律では、政府はその情報すら次回の給付金支給に活用できないというのだ。

いま政府は、マイナンバーカードを作ってもらうため、期間限定で「マイナポイント」がもらえるというキャンペーンを行っている。だが、「マイナポイント」をもらうにはキャッシュレスサービスを使う必要があり、高齢者などにとって分かりづらい側面があるのは否《いな》めない。

政府としては、マイナンバーカード普及と同時に、「キャッシュレス化」を促進するという狙いもあったのだろうが、まずはマイナンバーカード普及に絞って、たとえば「マイナンバーカードを作ったら預貯金口座にお金を振り込む」というシンプルな方法のほうが良かったのではなかろうか。この方法ならば、カード作成と同時に預貯金口座と紐付けすることもできる。

こうした数多くの反省を前向きに生かすためにも、個人のマイナンバーとすべての預貯金口座の紐付けの義務化を進め、マイナンバーを社会インフラとし、それを日常の行政で活用する仕組みが重要だ。

ほかの先進国のようにマイナンバーで税務申告を行えば、預貯金口座のトレースができるので、課税の公平化や税務の効率化にもつながる。

すべての行政手続きをオンライン化

菅政権は、「政府のデジタル化が急務である」として、デジタル庁の設立を進めている。マイナンバーの活用をはじめとして、デジタル化を一気に進めるだろう。

こうした政府のデジタル化に対しては、賛否両論の様々な意見が飛び交っているが、実際にはどのようなことが可能になるのだろうか。

まず、デジタル化やオンライン化を進めると、担当部署のたらい回しに代表されるような、省庁の縦割りの弊害《へいがい》はなくなるかもしれない。

また、五年に一度の国勢調査の結果は、各種行政の基礎データになるため、国民には回答義務が定められ、拒否や虚偽報告の場合には、罰則もある。調査票は郵送で提出できるが、オンラインでも回答でき、一〇分もかからずに終わる。

二〇一〇年の国勢調査では、東京都でオンライン回答が導入されたものの、利用率は八・四％にとどまった。そして二〇一五年にはオンライン回答が全国で導入され、利用率は三六・九％に上昇した。

こうした国勢調査に限らず、各種行政への手続きは、二〇〇二年の行政手続オンライン化法（行政手続等における情報通信の技術の利用に関する法律）により原則オンラインに移行するとされたが、なかなか進捗《しんちょく》していないのが現状だ。

そのため、二〇一九年三月末時点で全省庁の法令等に基づく手続きは約五万六〇〇〇種類あり、年間二四億件以上も申請されるが、そのうちオンラインで実施できる手続きは、種類数ベースで一二％、件数ベースで七七％にとどまっている。オンラインで実施できる手続きのうち、実際にオンラインで実施されている件数の割合は六〇％だ。

なお、手続きの際に求められる添付書類についていえば、行政機関が発行する登記事項証明書、住民票、戸籍を求めることが多い。そこで二〇一九年、新たにデジタル手続法（情報通信技術を活用した行政の推進等に関する法律）を制定した。以前の法律では、各府省庁がその手続きをオンライン化するかどうかを決めていたが、新法では、内閣が「情報システム整備計画」で定めるようにし、添付書類を原則廃止することとした。

e－Taxで税理士は不要に

髙橋は数学科出身なので、プログラミングは得意だ。そして、パソコンは常に自作し、スマホなどの小物ガジェットにも目がない。

そのため、役人時代に役所で「システム」と呼ばれる難物に関わることが多かった。

はっきりいえば、この種の「システム」については、東大法学部卒の文系官僚では、まるで歯が立たない。御託《ごたく》を並べられても、せいぜい二～三分、専門的な質問をすると、まったく答えられない。というのも、プログラミングの経験がないので、総論しかいえないのだ。

そこで高橋が駆り出されたのだが、その一つが、二〇〇四年二月から稼働した国税電子申告・納税システム（e－Tax）だった。国税庁の幹部から個人的なアドバイスを求められたので、本務ではないが、「お手伝い」させてもらった。

このe－Taxには、いくつものセキュリティが施されており、なかでも利用者の公的個人認証サービスによる電子署名が大きな特長となる。これまで目立った事故がないのは、関わった者としても嬉しい。

もちろん、これはシステム開発関係者の努力の賜物《たまもの》である。うまくシステムを作れば、安心のセキュリティも備えることができるという良い手本だ。諸外国にも税のオンラインサービスは多いが、情報の流出事故については、あまり聞かない。

二〇一九年度におけるe－Taxの利用率は、所得税申告のうち五九・九％、消費税申告（個人）のうち七〇・四％、法人税申告のうち八七・一％、消費税申告（法人）のうち八六・八％となっている。

一般的な行政手続きに比べると、スタートが早かっただけに、それなりの利用率といえるだろう。

このｅ－Ｔａｘをひとたび使うと、税務署に行って列に並ぶ手間がなくなるので、書類を税務署に提出に行くのがバカらしくなる。税理士に任せているという人も多いだろうが、実はその税理士も、ｅ－Ｔａｘを使っている。

しかも、ｅ－Ｔａｘソフトはよくできているので、下手な税理士よりも「賢い」。たとえばｅ－Ｔａｘソフトは最新の税改正をも織り込んでいるので、古い知識の税理士より確実に賢く、将来、税理士は不要になるだろう。

実際、高橋は、すべての取引を銀行経由で行い、それをデータ化しているので、税理士の手を借りずに手続きできる。

ここまで述べてきたような税務手続きに限らず、行政のデジタル化やオンライン化が進展すれば、国民と役所のあいだに入って手数料をもらっていた「〇〇士」という職種は不要になるかもしれない。

郵政民営化のシステム構築で見た文系官僚の実力

高橋が関わったもう一つの案件は、郵政民営化のときのシステムだ。実は、郵政民営化に対する反対勢力は、二〇〇四年九月の段階で、システム開発に三年から五年かかるとして、当時の小泉純一郎首相が目指していた二〇〇七年四月の民営化など不可能だと主張していた。

反対勢力のいうことが正しいのかどうか――二〇〇四年一〇月、「郵政民営化情報システム検討会議」が設置された。髙橋は、その事務局担当だった。このとき情報システムについて公開の場で議論が本格的になされたのは、画期的なことであった。

髙橋が行ったことは、民営化に必要となるすべてのプログラムのチェック。しかも、これを公開の場で行った。もちろん、郵政側のシステム専門家とのあいだにおける議論だ。

当然のことながら、業務に支障を来《きた》さない、安全性でも問題のないプログラムの構築を目指すための議論。その結果、郵政側からもまったく文句が付かないかたちで、一定の検証実験を含めても、二〇〇七年四月には間に合うとの結論が出た。

実際には、二〇〇五年八月に「郵政解散」があり、そのあいだ作業が止まったので、二〇〇七年一〇月の郵政民営化スタートとなった。そのときのシステムは、民営化後、大きなトラブルを起こしていない。

このようなデジタル化・オンライン化・システム化に携《たずさ》わった経験から述べるとすれば、政府機関全体でデジタル化が進捗していない理由は、霞が関官僚の幹部が、文系ばかりであるからだ。

国会にはパソコンの持ち込み禁止？

役所には、学生時代にノートをきちんと取って優秀な成績を修め、公務員試験に合格した文系官僚が圧倒的に多い。そういう人たちにとって、手書きノートは、何よりも安心を感じさせるものだ。

役所では、部内文書がワープロなどでデジタル化されても、会議ではプリントアウトされ、そこに手書きでメモ書きする人が多かった。そうした人たちは、データがデジタル化されていないので、資料が詰まったファイルをいつも持ち歩く。ただし、持ち歩く資料の量には限界があり、その生産性は高いとはいえない。

髙橋は役人時代から、すべての文書をデジタル化し、手のひらに載るようなパソコンに入れていた。現在はスマホのみ、データはクラウド、という行動スタイルだ。しかし、それはかつての役所では通用しなかった。

小型のパソコンに入っている資料を上司や同僚に見せようとすると、プリントアウトせよといわれた。また国会でも、議場へのパソコンの持ち込みが許されていなかった。

かつて携帯電話に答弁をメールしておき、それに基づいて答弁した役人が注意を受けた。国会での答弁は、すべてプリントアウトされ、それを読む。時代錯誤《さくご》も甚《はなは》だしい。

こんな調子なので、霞が関の役人の多くはデジタル化のメリットも分からず、それを実行しようともしなかったのだろう。

コロナ禍での給付金支給でも、まず地方自治体から国民へ申請書を送付し、それを返送すると自治体がプリントアウトしてチェックするという、デジタル化と真逆のことを平気でやっていた。これは、非デジタルに甘んじている役人ばかりが生き残っているからなのだろう。

天下りのためオンライン化できない運転免許証の更新？

役所文書のデジタル化が当たり前になると、各種行政手続きのオンライン化も当然である。

オンライン化で、誰でもメリットを感じられるのが、運転免許証更新のオンライン化だ。これは、海外では当たり前のことなのである。

そもそも免許更新とは、データのアップデートでしかない。写真はスマホでも撮れるし、目の検査にしても直近の健康診断における視力検査の結果などを添付すればいい。講習は、オンライン教育を応用すれば十分だ。わざわざ運転免許試験場や警察に対象者を集めなくても済み、事後的なテストを課せばいい。

この講習がなくなると、天下り警察官僚が困るという話もあるが、天下りを守るために運転免許証の更新をオンライン化しないというのでは、まさに本末転倒だ。

また、各種行政手続きのオンライン化でネックになるのが、判子《はんこ》だ。その点、河野太郎行政改革担当相は、行政手続きで押印を原則的に行わないよう全府省庁に要請したので、良い方向に向かっている。

菅首相も河野行革相も本気でやる気なので、それを妨げるような文系官僚は、早く誰かに代わってもらったほうがいいだろう。

補助金や助成金を一本化してe－Taxと統合すると

二〇二〇年のコロナ禍への対応では、各種の補助金や助成金が用意されたが、そこには国と地方自治体のものがあり、多種多様だった。あまりに数が多いせいか、役所は宣伝しないので、多くの雑誌で特集が組まれた。それらの申請書類を見ると、やはり判子が必須であり、書類に手書きしたあと、それを持参するのが原則になっている。

しかし役所が申請書で求めるものは、申請者が本人であるかどうかの確認と、申請データだけだ。しかも、申請データはほぼ数字。であるならば、基本的には、本人を確認したうえでオンライン申請が可能であることは、e－Taxと同じである。

そしてe－Taxにはマイナンバーを使うので、判子は不要。この原理から見れば、各種の補助金や助成金の申請を含めて判子をなくすことは可能だし、それとともに各種申請のオンライン化（デジタル化）も実現できる。

国や地方自治体の補助金や助成金は多岐にわたっているが、これらを縦割り打破のために一本化し、ｅ－Ｔａｘとともに統合すれば、行政効率は著しく向上する。当然、国民の利便性の向上にも資する。

これによって、国税庁と日本年金機構を統合して税と社会保険料を一緒に徴収する機関、すなわち歳入庁を実現することのみならず、行政のワンストップ化が成し遂げられる。各種行政の縦割りもなくなるだろう。

菅政権の本気度は半端《はんぱ》ではない。

第7章

全国の地銀が一つになる日

＊本章は髙橋洋一が担当しました。

都銀と信金に挟まれて苦戦する地銀

菅義偉首相は「地方銀行の数が多すぎる」と述べ、再編に前向きな発言をしている。その発言の狙いはどこにあるのか？　再編が進んだ場合、どのような影響が出るだろうか？

そもそも地方銀行とはどういう存在なのか。地銀の歴史を振り返ってみよう。

昭和金融恐慌が起きた一九二七年に銀行法が制定された。その後、一九三二年末の時点で普通銀行は全国に五三八行あったが、一九三六年に中小銀行整理のため「一県一行主義」が掲げられた。

これは、戦時体制経済への移行の一環でもあり、その結果、一九四五年の時点で、普通銀行は、都市銀行が八行、地方銀行が五三行まで減少したのである。

そして戦後は、一九五〇年以降、地銀の新設が行われた。一九五一年に相互銀行法が制定され、無尽《むじん》会社から相互銀行が設立され、その後、相互銀行は第二地方銀行となった。現在、地銀は六四行、第二地銀は三八行の、計一〇二行となっている。

これら地銀は、全国展開や海外展開を行って金融技術も優れている都市銀行と、人的関係を利用して地元に密着している信用金庫と競争し、苦境に陥っている。このため、金融関係者のあいだで囁《ささや》かれる、「なんとかしないと今後の経営が成り立たなくなる」というのは常識だ。

銀行融資よりフェアなクラウドファンディング

近年、金融環境は劇的に変化している。銀行が企業と企業のあいだに入って鞘《さや》を抜くビジネスを行っている限り、生き残ることができないのは明白だ。

たとえばコンサルティングに力を入れるなど、銀行のビジネスに付加価値を付ける方法があるという意見も聞かれるが、銀行によるコンサル事業など、ただの余計なお世話に見える。

銀行はキャッシュが潤沢《じゅんたく》な企業を、その預金口座を通じて知るようになるので、「あれを買え、これを買え」と、様々な金融商品を推奨してくるという事態になりかねない。

短期的には、デフレを脱出するために日本銀行が採用している金融緩和下の低金利で、銀行の利鞘が縮小している苦境は理解できなくもない。が、「日銀のマイナス金利のせいで収益が悪化している」と言い訳する銀行の経営者は、もはや過去のビジネスモデルに囚《とら》われているとしか思えない。

長期的に考えてみても、銀行の収益環境は、このままでは悪化するばかりだ。一般国民が融資担当者に頭を下げ、その人物が承諾しなければ融資してもらえないなどというアンフェアな状況では、そのビジネスは長続きしない。

現在、たとえばインターネットを使い、企業や個人がビジネスのアイデアを示して資金を調達する、クラウドファンディングが加速度的に広まっている。

このクラウドファンディングが優れている点は、競争環境が整っているということだ。面白いビジネスプランを示して人気が出れば、どんどん資金調達ができる。

すると、銀行員がビジネスの内容を目利《めき》きして融資を実行するよりも、むしろ「打率」が高くなるかもしれない。すなわち、新しいビジネスを育てることができる、ということだ。

現実問題として、銀行から融資を受けられないことに対して納得できない企業もたくさんある。であるならば、個人だけでなく企業も、クラウドファンディングに取り組んでみれば良い。

賛同者が集まり、新規ビジネスが実現するなら、もちろんそれで良し。仮に世界中の誰も自分のビジネスプランに賛同してくれず、資金調達ができなかったならば、諦《あきら》めもつくというものだ。

そして、自分たちのアイデアはダメだったのだな、と納得し、また新たなプランを出せば良い。そういうフェアな仕組みが銀行に存在しないのでは、インターネット革命が世界中に浸透した時代に生き残ることは難しい。

また、ブロックチェーンを活用した暗号資産（仮想通貨）は、金融を確実に変える。

このブロックチェーンは、ネット上に改竄《かいざん》できないデータを記録し、やり取りを可能にするという画期的な技術。これによって情報の非対称性が圧倒的に縮小され、クラウドファンディングのような仕組みを拡大させる牽引役《けんいんやく》になるだろう。

東京銀行に見る既得権のための規制とは

そもそも銀行業務の本質は、いたってシンプルだ。預金の受け入れと資金の貸し出し、それから決済だけである。

決済はいま、電子マネーでも実行できてしまうのだが、銀行はいまだに、結構な手数料を取っている。なぜなら銀行は、決済のために巨額のシステム投資をしている。これを回収するためには、手数料を取るしかない。

ところがインターネットを使うと、決済は、もっと安く、しかも簡単にできてしまう。ゆえに、銀行のビジネスモデルも、そう長くは続かないだろう。

たとえば、昔は外為法《がいためほう》（外国為替《かわせ》及び外国貿易法）によって外為専門銀行が存在していた。東京銀行（現・三菱ＵＦＪ銀行）がそれで、これは規制によって守られていたから存在していた業種だ。髙橋が大蔵省証券局で銀行・証券の問題を担当していた当時、正直にいって、なぜそのような規制があるのか、よく理解できなかった。

というのも、既に当時から、商社間では信用取引のような決済を行っていたし、本来なら、わざわざ東京銀行を通す必要などないのだ。しかし、外為法で「規制を守れ」といわれていたので、その規制は当時の法改正で守った。が、結局は時代の流れには逆らえず、廃止されることになった。

既得権のための規制――そうした規制は、長くはもたないのだ。

銀行と新聞が優位性を失った理由

いまや都市銀行も、かつて一等地にドンと構えていた店舗の数を減らし、残った店舗も簡素で効率的なものへとシフトしている。

そもそも金融業は、情報産業である。そして情報産業がなぜ成り立つかというと、情報の非対称性を使うからなのだ。

すなわち、銀行員が一般人よりも企業について多くの情報を持っている、ということに尽きる。では、この差を埋められたら、銀行はどうなるのか?

この状況は、マスコミ業界にも当てはめることができる。要するに、情報を持っている人と持っていない人がインターネットでつながる。すると、ブロガーに聞いたほうが新聞を読むより早いということになり、いまでは新聞社の経営が大変なことになっている。

実際、日本新聞協会によると、二〇〇〇年の全国の新聞発行部数（朝夕刊セットを一部として計算）は五三七一万部だったが、二〇一二年には四七七八万部になり、それが二〇一九年には三七八一万部にまで落ち込んでいる。ということは、二〇〇〇年に比べると、なんと約三割も減ってしまった。

そのうちマスコミの優位性も、完全になくなるだろう。同じ構図が、金融を含めた様々なビジネスに広がっている。

規制による超過利潤で生きてきた銀行

インターネットが金融の世界を根本から変えていくことになるが、ほかにもたとえば街の不動産業にも同じことが起こる。というのも、ネットがあれば物件情報はすべて閲覧できるし、ネット上で不動産の売買も直接できることになれば、ビジネスとして成り立たなくなるだろう。

髙橋がアメリカに住んでいた二〇〇〇年頃、オークションサイトの「eBay（イーベイ）」が出現した。これは個人同士が直接、モノを売買できるサイトであったが、「きっと流通の大変革を引き起こす」と確信した。日本の「メルカリ」も、この仕組みを上手に取り入れて、成功している。

金融でも同じことが起こるし、既に起きている。近年、デジタル技術を使った「フィンテック（Fintech）」で、金融業界以外の人たちが、金融ビジネスに続々と参入している。その影響で、銀行員の大量リストラが行われている。

銀行は、さっさと店舗などをなくして、身軽になればいい。それを前提にシステムを組むべきだと思うが、そうした発想は、いまのメガバンクには生まれないだろう。

というのも、そもそも銀行員には文系出身者が多いから、デジタルの話は大の苦手だ。大蔵省時代に金融検査を行った際、システムのことについて、銀行員がほとんど理解していない状況に驚いたことがある。

「情報産業」であるにもかかわらず、システムを分かっていないというのでは、もう話にならない。現状のシステムすら理解していないのに、ましてや最新のフィンテックについて分かるはずがない。分からないのであれば、絶対に実現できない。

だからこそ、新しく参入する企業にとっては、工夫《くふう》しやすい。店舗もなし、人員は最小限、スマホ決済が可能な仕組みが、どんどん広がっている。

対面だろうがネットだろうが、支払いは必要だから、決済というビジネスがなくなることはない。しかし、そこに人が介在しなければ、ずっと安価で効率的なシステムができあがる。

銀行は、優秀な人材こそが一番の強みだと思っているだろう。しかし、規制に支えられた超過利潤によって人を雇っていたに過ぎないのだ。

全国の地銀を全部一つにまとめることもある

こうした状況のなか、新しい金融技術を導入できる都市銀行はまだなんとかなるが、そうした対応ができない地銀も少なくない。

信用金庫は税制上の優遇に加え、昔ながらの人的関係を重視した経営で、それなりに生き残っていけるだろう。しかし、都銀と信金に挟まれた地銀は、両者から突き上げをくらっている。中途半端な生き残り策では、将来の経営が危ぶまれるわけだ。

そこで実際の行政の現場でも、地銀再編が進められてきた。首相に就任した菅義偉氏が言及したことで、その動きがさらに加速されるだろう。

もちろん、それぞれの金融機関には個別の事情があるので、画一的な号令で動くというものではない。かつての「一県一行主義」のように、単純な号令をかけるわけでもない。

地銀の再編を促進する手段は限られているが、市場の圧力によって地銀自らが改革に向かわなければならない。

ただ、地銀は伝統的な規制業種なので、当局の意向が幹部に「伝染」しやすい。このため行政の方針が決まると、地銀自体も変わりやすくなる。

コロナ禍により、将来、地銀による地元観光業などへの貸し出しが不良債権化することも懸念されるが、そうなると、一気に様相が変わる。不良債権処理のために公的資金が投入された場合、その過程で、地銀の再編が加速化される可能性もある。

こうした状況下、かなり大胆な「地銀再編」があって良いだろう。何よりも、ここまで述べてきたように、金融ビジネスの競争環境が、根本的に変わっているのだから。

そもそも地銀と都銀、あるいはメガバンクという区分に、もはや意味がなくなりつつある。マネーには「国境」すらなくなっているというのに、国内の「県境」に、いったい何の意味があるのか。全国の地銀を全部一つにまとめるというほどの発想も、十分にあり得ると思うし、先述の通り菅首相も、この問題に真剣に取り組んでいくはずだ。

第8章
岩盤規制を壊せば
労働生産性は急上昇

＊本章は原英史が担当しました。

「一〇〇〇円カット」の理髪店に洗髪台があるわけ

日本の労働生産性は、主要先進国のなかで、明らかに低い。ＯＥＣＤ加盟三六ヵ国のうち二一位（二〇一八年）で、ＯＥＣＤの平均を下回っている。

なぜ労働生産性が低いのか？　端的にいえば、経営者と政府が問題なのだ。

日本の労働者の質が低くて怠け者だというわけではない。問題なのは、せっかく優秀で勤勉な労働者がいるのに、使いこなせない経営者のほうなのだ。

では、なぜ経営者が悪いのかといえば、それは政府の問題でもある。

本来ならば、ダメな経営者がいても、もっと良い経営者が現れて業績を伸ばし、ダメな経営者は自ずと淘汰《とうた》される。しかし日本の多くの業界では、規制によって政府が生産性の低い事業者を守っている。規制が補助金と組み合わされている場合も多い。

たとえば理容業界だ。最近、街でよく見かける「一〇〇〇円カット」の店では、洗髪はしない。しかし地域にもよるが、バックヤードに謎の洗髪台が置かれていることがある。それは、「理髪店である以上、必ず洗髪台を設置しなければならない」という規制が、この一〇年ほどで急速に広まったためなのだ。

表向きの説明は「衛生上の観点から必要」というが、実際には使われない「一〇〇〇円カット」の店にまで洗髪台を求める理由にならない。本当は、伝統的な理髪店を守るため、「一〇〇〇円カット」の店舗スタイルを否定しようと、業界が、政治や行政に働きかけた結果なのである。

医薬品インターネット販売規制の屁理屈

「医薬品のインターネット販売規制」も同様である。

第5章でも触れた医薬品のインターネット販売は、二〇一四年に一部解禁されたが、いまも多くの品目や処方薬は禁止されたままだ。厚生労働省によるその理由は、「対面」と「顔色」。つまり、薬局のカウンターで、薬剤師さんが対面で購入者の顔色を見て、症状などを確認しないと販売してはいけないということだ。

しかし、店先で一瞬、顔色を見ただけで、購入者の症状を察知できる薬剤師がどれだけいるのか？　しかも、本人以外が薬を買いに来ることもある。本当に症状の確認が必要であるなら、顔色や勘に頼るより、ＩＴ技術を使って、もっと科学的なやり方を考えれば良い。はっきりいって、厚生労働省の言い分は「屁理屈《へりくつ》」だ。なぜそんな屁理屈をいうのかというと、昔ながらの薬局にとってインターネット販売は脅威であり、不都合であるからだ。

薬局業界を支持基盤とする政治家は、その利益を守る必要がある。そして厚生労働省は、関係業界と関係議員に配慮することで、最大限の権力を発揮できる。

業界、議員、官僚の結託した利権構造が、こんな屁理屈を生んでいるのだ。

ほかにも農業では、企業の農地所有を原則的に禁止し、昔ながらの零細農家を保護して、さらに多額の補助金が投入されている。

こうした「利権構造」が生んだ屁理屈が、新たなビジネスモデルや工夫を禁止している。そうして昔ながらの事業者が昔ながらの経営を続けられるよう、保護している。

こうした事例は、理容や薬局以外の業界にも、無数に存在している。

日本の労働生産性が低いのは、全体の平均の話だ。グローバルな競争のなかで戦っている製造業などの労働生産性は高い。

特に労働生産性が低いのは、グローバルな競争に晒されていない地域密着型のサービス産業や農林水産業などで、これらが全体の平均を押し下げている。岩盤規制が最も頑強に残るこうした業界が、日本の労働生産性を低くしているのだ。

そして、日本では何か新しいことをやろうとすれば、いちいち役所にお伺いを立てなければならない。結果として、新たなビジネスモデルの開発やイノベーションにブレーキがかけられ、何も新しいことをしようとしないダメな経営者が守られる。

こうした「事前規制型」の行政体系が、日本の労働生産性を低下させてきた。その転換が長年唱えられてきたが、まだ少なからず残っている。菅政権では、さらに加速した転換が期待される。

テレワークを前提にした労働法制を

日本の労働生産性を低下させているのは、ダメな経営者とそれを守る事前規制だけではない。もう一つの大きな要因が、労働法制だ。

労働法制は、労働者を守るための法令だが、ときに労働者の働きを阻害してしまう。たとえば過度な労働時間管理だ。労働法制は、歴史的に、資本家と工場労働者が存在する単純な社会を前提に設計された。その仕様が現在も色濃く残されている。労働者は定められた時間に工場に詰め、一斉に決まった作業を行うことになっているわけだ。

　だが、現実の社会ではホワイトカラー層が拡大し、より創造的な仕事を期待される人々も増えてきた。制度と現実のミスマッチはとっくに明らかになっていて、「時間管理ではなく成果に応じた働き方も認めるべきだ」との議論は、かなり以前からなされている。ところが、この議論を始めると必ず、「時間管理を外すことで残業代も払わずに労働を強《し》いることになり、とんでもない仕組みだ」と、野党やマスコミから徹底的に批判される。

　第一次安倍政権のときには、一度、「ホワイトカラーエグゼンプション（ホワイトカラー労働者の仕事を、労働時間の長さではなく仕事の成果で評価して賃金を支払う制度）」の導入が検討されたが、このときはまったく進展せずに終わった。そして第二次安倍政権で改めて検討がなされ、「高度プロフェッショナル制度」として結実したが、年収一〇七五万円以上の人に限るなど、かなり限定的な仕組みにとどまった。

もちろん、労働者が無理やり長時間労働を強《し》いられるような事態は避けなければならない。健康管理も徹底しないといけない。だが、これらはルール設定をきちんと行えば対処できる話だ。それにもかかわらず、「とにかく残業代ゼロ法案を許すな！」と反発するだけで、冷静な制度論にならないのが、最大の難題だった。

そうこうするうちに、コロナ禍で突如、テレワークが普及することになった。テレワークも、子育てや介護との両立などの視点から長らく課題となっていたが、なかなか普及しなかった。これが一気に当たり前になったのは画期的なことだ。

テレワークの価値は、単に自宅でも働けることだけではない。これまでは職場内でなんとなく行われていた会議を、コロナ禍でやむなく止《や》めてみたら、何の支障もなく、実は無用な会議だったことが分かった……などということが、あちこちの会社で起きた。期せずして日本中で、より合理的に成果を生む業務プロセス改革が始まったのだ。

ところが、ここで問題になるのが労働時間の管理だ。制度上は、多くの労働者の場合、一斉作業が前提になっている。この制度に従うために、結局、自宅でパソコンの前に座っている時間を管理する、などといったバカげたことがなされ、可能なはずの労働生産性の向上は、中途半端なままにとどまっている。

せっかくテレワークが広まったのだから、この際、テレワークを前提に労働法制を見直し、高度プロフェッショナル制度の抜本的な拡充などに取り組んだら良いだろう。

極度に古臭い公務員制度が働き方改革の足を引っ張る

さらに、解雇法制の問題もある。

日本の解雇法制は、世界でも稀なほどに整理解雇が難しいとされる。判例法理で、いわゆる「整理解雇四要件」が決まっているためだ。これが日本の労働市場の流動性を過度に低下させ、衰退産業から成長産業への人の移動を阻害している。

こちらも以前から政府で検討の俎上《そじょう》にのぼるのだが、必ず「解雇促進のとんでもない暴論だ」と大批判を受け、議論が進まなくなるのが、お決まりのパターンだった。

この批判も、本当はおかしな話だ。日本では解雇がほぼ不可能だとするが、これは実は、大企業の正社員に限った話だ。中小・零細企業の場合は、そんなルールは気にせず解雇してしまうことが、しばしばある。

こうしたケースでは、大組織の労働組合が守ってくれることもないため、労働者は事実上泣き寝入りだった。さらに厳しい立場に置かれるのが非正規労働者で、こちらは経済状況の変動に伴い、雇用の調整弁のように利用されてきた。

つまり解雇法制の問題は、労働者間の格差問題だ。大企業の正社員という特権を有する労働者だけが過剰に守られ、そのほかの労働者は切り捨てられてきた。だから、解雇ルールの見直しは本来、暴論でもなんでもない。特権階級とそれ以外の労働者の格差を見直し、解雇時の金銭補償などのルールも設け、これまで切り捨てられてきた労働者も公正に守ろうという議論なのだ。

原は二〇一三年、国家戦略特区で「雇用指針」の策定や「雇用労働相談センター」の創設などに携わった。まず第一段階は、現行の法制や判例法理を前提に雇用ルールを明確化しようという取り組みだったが、それだけでも「首切り特区」などと猛反発を浴びた。

コロナ禍で企業が事業や雇用を継続できない事態が大幅に拡大しており、今後も不透明な状況が続く。改めて取り組みを前に進め、ルールの明確化と合理化に動くべきだ。労働市場の流動性が高まらざるを得ないことを前提に、新たな分野で人材が活躍できるようにするための職業訓練やリカレント教育（社会人が教育機関に戻って、生涯にわたって学習すること）も、抜本的に拡充しなければならない。

これはコロナ禍に限った話ではない。コロナ禍以前から、「今後、第四次産業革命でＡＩやロボットが普及すると、ある種の産業や職業が丸ごとなくなってしまう」と危惧されてきた。コロナ禍は未来の社会変革の前哨戦《ぜんしょうせん》ともいえる。未来に備えた制度変革を、いまのうちに進めておく必要がある。

もう一つ、労働法制を進めるうえで隠れたカギになるのが、公務員制度改革だ。国家公務員や地方公務員は、労働基準法などは適用されず、それぞれ国家公務員法や地方公務員法という特別ルールで規律される。公務員制度が、年功序列や身分制などに縛られた極度に古臭い仕組みであることは、第2章で述べた通りだ。

ところが、それにもかかわらず、日本では「民は官に倣《なら》う」が標準的な行動様式だ。たとえば定年年齢の引き上げ（六〇歳から六五歳に、さらに定年廃止など）は、公務員がまだ「六〇歳定年＋再雇用」のままのため、民間でも限られた企業しか引き上げに踏み切っていない。

結局、極度に古臭い公務員制度が、日本社会全体の働き方改革の足を引っ張ってきた面がある。公務員制度を思い切って改革し、一段飛ばしで最先端の労働法制に転換していけば、日本全体の労働法制が大きく変わる起点になる。そうした発想の転換も期待したいし、菅首相は気づいているはずだ。

富裕層への富の集中は少ないが貧しい人が多い日本

コロナ禍以前から、世界各国が直面して解決に苦しんできた課題が格差の問題だ。これは労働問題にもつながる。

戦後、西側先進各国における経済政策の根幹は、自由貿易と市場経済だった。ＧＡ

ＴＴ（関税及び貿易に関する一般協定）のもとで構築された自由貿易体制は、モノの貿易からサービス貿易、人の移動へと範囲を広げた。加盟国拡大によってＷＴＯ（世界貿易機関）が機能不全に陥ってからは、ＦＴＡ（自由貿易協定）に重点を移した。

こうして経済活動における国境という壁は低くなり、グローバルな事業展開やサプライチェーン構築は当たり前になった。また、一九八〇年代以降は、市場経済をより重視する規制改革も各国で進められた。

結果、こうした自由貿易と市場経済によって、経済全体のパイは拡大した。一方で、その裏側でもたらされた問題の一つが格差の拡大だ。

フランスの経済学者トマ・ピケティらが指摘するように、世界各国において、格差は二〇世紀半ばにいったん縮小し、そのあと再び拡大してきた。上位一％の富裕層に富が集中する割合は上昇し、特にアメリカやイギリスでは戦前の水準に戻っている。

こうした格差の拡大に対しては、「新自由主義やグローバリズムが諸悪の根源である」という指摘をたびたび聞く。また、「日本は市場重視の規制改革やグローバル化が遅れたことが幸いし、問題が欧米ほど深刻にはなっていない」との見方がなされることもある。

——これは二重の意味で間違いだ。

確かに先進各国では、課題が噴出している。その要因を検証し、改善すべき部分はそうすべきだ。ただ市場経済そのものを否定し、社会主義経済に移行しようという国は存在しない。航空会社や通信会社を国営や公営に戻そうという動きも、価格統制を復活させようという動きもない。ということは、市場経済を前提としたうえで、いかに格差に対応していくかが課題となるのだ。

格差の問題でいえば、日本では、富裕層への富の集中度は、アメリカやイギリスよりもずっと低い。とはいえ、欧州諸国とは同程度の水準だ。

問題は、「相対的貧困率」である。この相対的貧困率とは、所得の最も低い人から最も高い人までを順番に並べたときに、真ん中の人の所得（所得の中央値という）の半分を下回る人の割合、すなわち貧しい人の比率だ。

二〇一五年のＯＥＣＤレポートによれば、日本はこの相対的貧困率が一六％で、ＯＥＣＤ平均の一一％を大きく上回り、アメリカの一七％に近い水準なのだ。

つまり、日本は富裕層への富の集中はさほどではないが、貧しい人の多さで見れば、世界でも格差の大きい国である、ということだ。

所得再分配が不十分な日本

日本は、なぜこのような状態になってしまったのか？　逆説的だが、その要因は、戦後の日本が長く、比較的平等な社会だったことにある。

かつての「一億総中流社会」を支えてきたのは「日本型雇用慣行」、すなわち長期雇用、年功序列。そして、低い失業率である。サラリーマンになれば、多少の差はあれ、年功序列で一定の給与水準が保証された。

そして低い失業率を支えたのは、「労働生産性の低い産業の保護」と「解雇ルール」だ。本来ならば従業員を雇い続けられないはずの事業者が規制や補助金で守られ、一方、解雇を厳格に制約するルールが判例法理（整理解雇四要件）で確立され、「いったん雇われれば解雇されない」ことが原則とされた。

こうした比較的平等な社会だったがゆえに、格差の存在を前提とした所得再分配の仕組みは十分に構築されなかった。その必要が乏しかったからである。

国際比較データで見れば、所得再分配前の段階では、多くの欧米諸国は、日本よりずっと不平等だ。しかし、税と給付による所得再分配が行われ、改善される。

これに対して日本では、所得再分配による格差縮小の幅は、弱肉強食社会の代表とされているアメリカと比べても、ずっと小さな状態が続いてきた。二〇一五年のOECDレポートによれば、二〇〇九〜二〇一〇年の所得再分配による格差の縮小幅は、OECD平均で二六％、北欧諸国の三〇％台に対し、日本は一九％だった。

要するに、日本の格差対策は、「事前規制型」だったのだ。格差があるという前提のもとに積極的に所得再分配を行うのではなく、雇用制度や慣行、そして産業保護によって、あらかじめ格差を生じさせないようにしてきた。問題は、一九九〇年代以降、これらが徐々に機能しなくなったことだ。

「事前規制型」を支えた制度や慣行が消滅したわけではない。慣行面での「日本型雇用慣行」は、現在でも相当残っているし、政策面での「労働生産性の低い産業の保護」も「解雇ルール」も存続している。

しかし経済が低迷するなか、その合間を縫って「非正規労働者による雇用調整」という抜け道が編み出された。「日本型雇用慣行」の枠外で非正規労働者を雇い、景気や事業環境が悪化すれば「解雇ルール」の枠外で派遣切りを行うようになった。そうして給与面などでも格差が生じたのだ。

かつて格差対策を担ってきた「解雇ルール」は、たまたま新卒段階で正社員のポジションを確保した人と、非正規になった人とのあいだの格差を固定して、拡大させる制度に変質した。

結果的に、所得再分配前の格差は拡大し、一方で所得再分配は不十分なまま。これが日本の現状なのだ。「事前規制型」による格差対策への郷愁は捨て、現実の格差に向き合い、社会保障や雇用制度などの抜本的改革を進めなければならない。

第9章

再生エネルギーと脱炭素で世界を救う

＊本章は原英史が担当しました。

エネルギーの脱炭素化が進んでいない日本

菅首相は所信表明演説で「二〇五〇年までに温室効果ガスゼロ（カーボンニュートラル）」を宣言した。しかしこの分野では、日本は世界の流れに乗り遅れてきた。二〇一九年一二月のＣＯＰ《コップ》25開催の際には「化石賞」（ＮＧＯが選考し、温暖化対策に消極的な国に与えられる）を受賞するなど、「日本は地球環境問題に不真面目《ふまじめ》な国である」との認識が定着しつつあった。

遅ればせながら、ようやく先進国標準の方針設定がなされたわけだが、問題は、実行できるかどうかである。

そもそも日本は、現在、CO_2の排出がかなり多い国だ。アメリカや韓国と比べて「日本の一人当たりのCO_2排出量は少ない」との主張をときどき耳にするが、これは都合の良いデータのつまみ食いだ。

次ページの資料から具体的にＯＥＣＤ全体で見ると、その平均七・六トン／人に対し、日本は九・〇トン／人。欧州の主要国（フランス四・四トン／人、イギリス五・

2016年のOECD諸国における一人当たりCO_2排出量

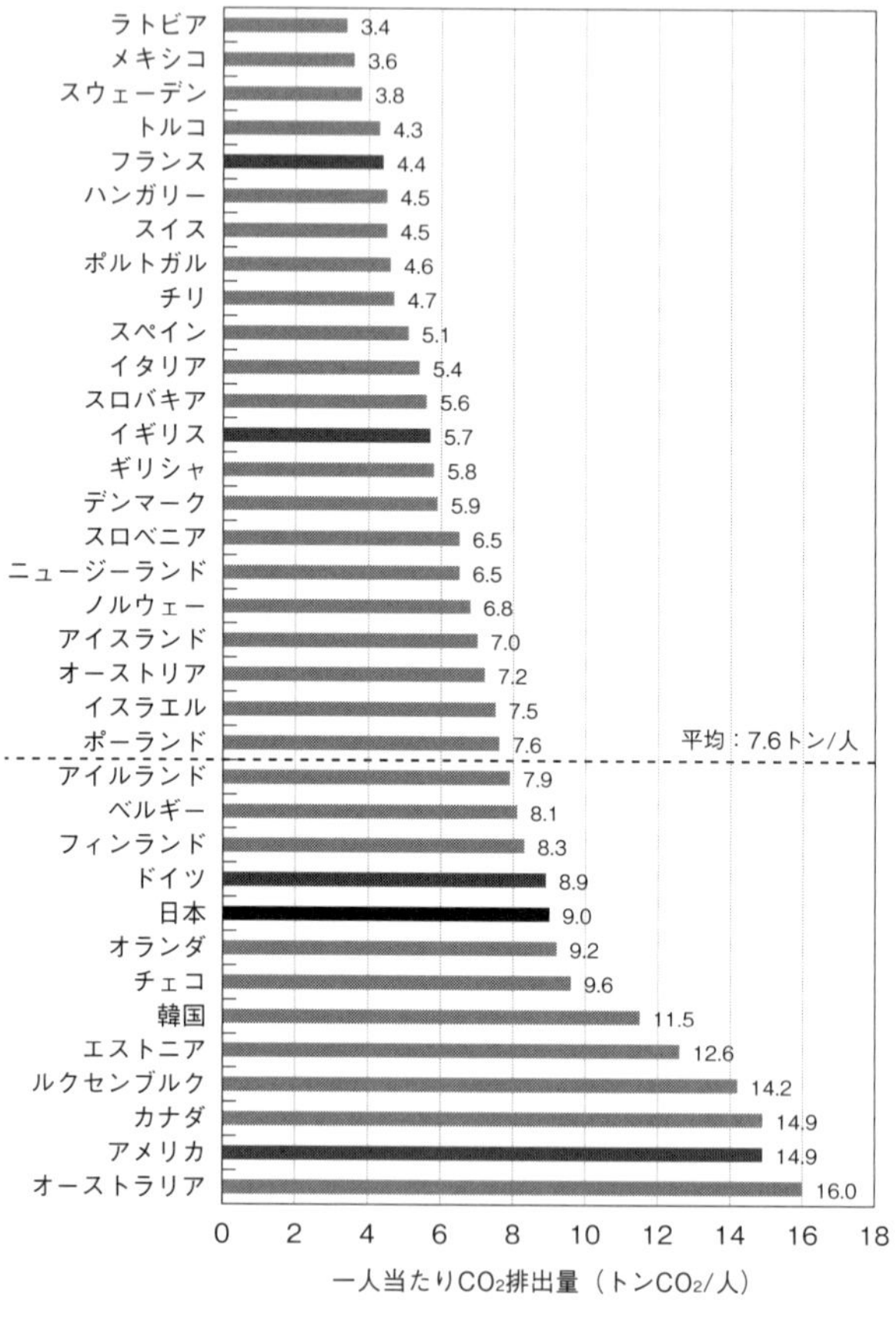

（参考）IEA「CO2 Emissions from Fuel Combustion」、「World Energy Balances」、OECD.Statなどをもとに資源エネルギー庁作成。
出典：https://www.enecho.meti.go.jp/about/special/johoteikyo/3es_graph05.html

七トン／人、ドイツ八・九トン／人）よりも高い水準である。なぜ一人当たりCO_2の排出量が多いのか？　要因は、以下の三つの要素に分解すると明らかになる。

〈CO_2排出量／人口＝①CO_2排出量／エネルギー消費量×②エネルギー消費量／GDP×③GDP／人口〉

まず、③の一人当たりGDPでは、日本はOECD平均よりもむしろ低い（二〇一八年データでは、OECD平均の四万五七六〇ドルに対し、日本は四万二八二三ドル）。つまり、「日本は特別に豊かな国だから一人当たりのCO_2排出量が多い」というわけではない。

次に、②のエネルギー消費量／GDPは、経済活動に比してエネルギー消費量が多いかどうかだ。省エネが進んでいるかどうかと言い換えても良い。次ページの図表から日本はOECDの平均よりも優れており、つまり、省エネでは日本は優等生だ。

それにもかかわらず、①②③を掛け合わせた一人当たりのCO_2排出量が高水準な

実質GDP当たりのエネルギー消費の主要国・地域比較（2017年）

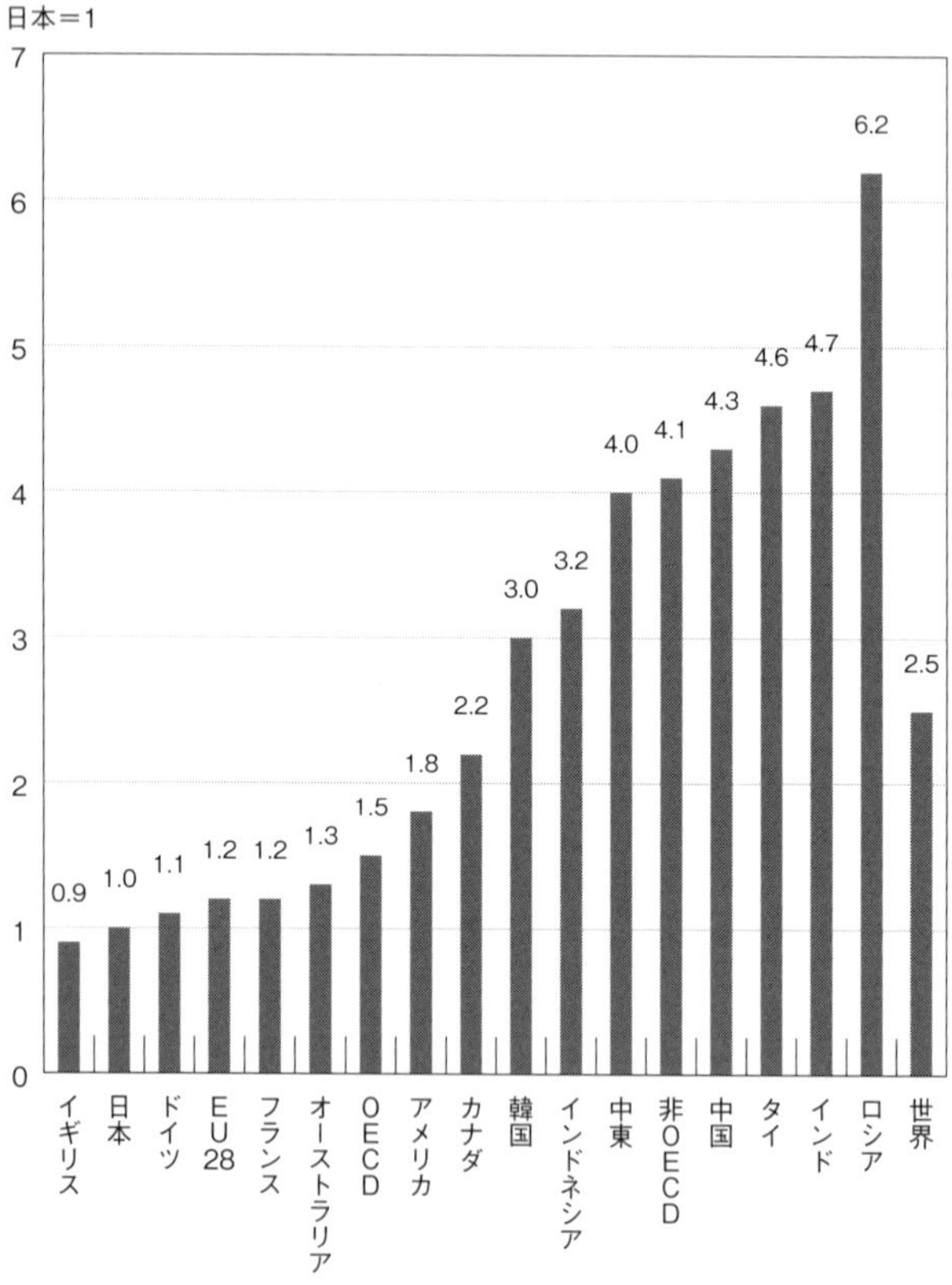

（注）一次エネルギー消費量（石油換算トン）/実質ＧＤＰ（米ドル、2010年基準）を日本＝1として換算。
（参考）IEA「World Energy Balances 2019 Edition」、World Bank「World Development Indicators 201」をもとに作成。
出典：https://www.enecho.meti.go.jp/about/whitepaper/2020html/2-1-1.html

主要国の化石エネルギー依存度（2017年）

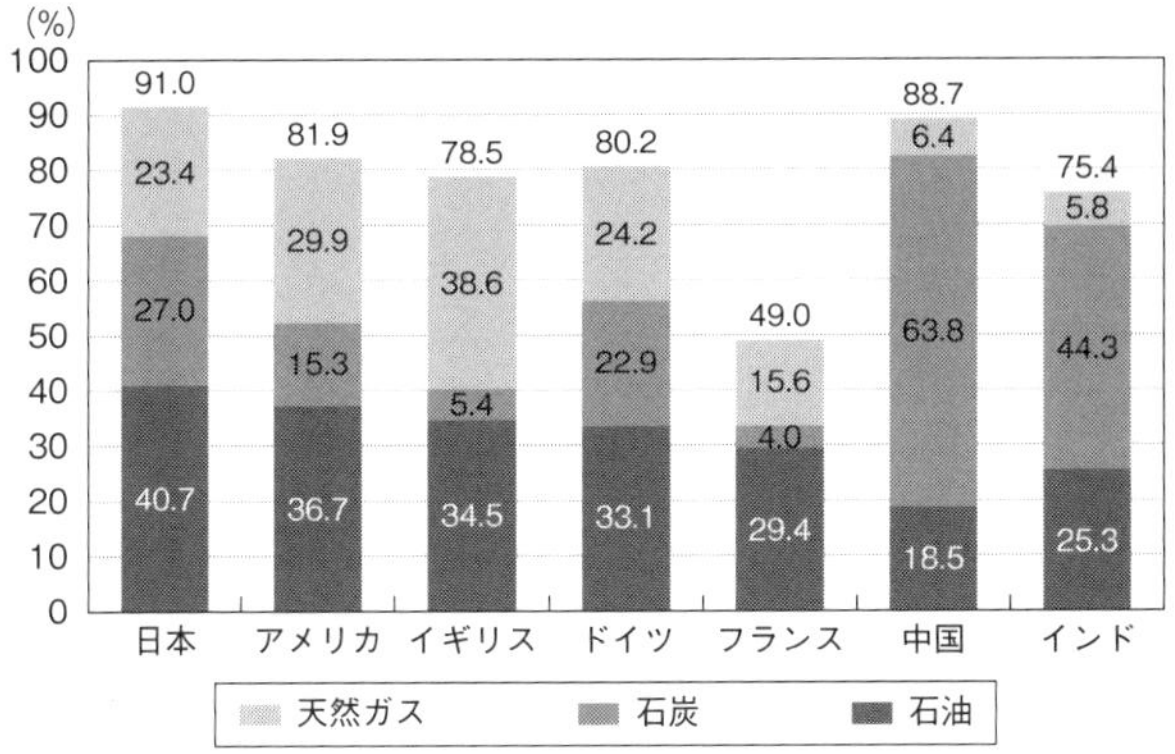

（注）化石エネルギー依存度（%）＝（一次エネルギー供給のうち原油・石油製品、石炭、天然ガスの供給）（/一次エネルギー供給）×100。

（参考）IEA「World Energy Balances 2019 Edition」をもとに作成。

出典：https://www.enecho.meti.go.jp/about/whitepaper/2020html/2-1-1.html

2019年の電源構成：世界15ヵ国

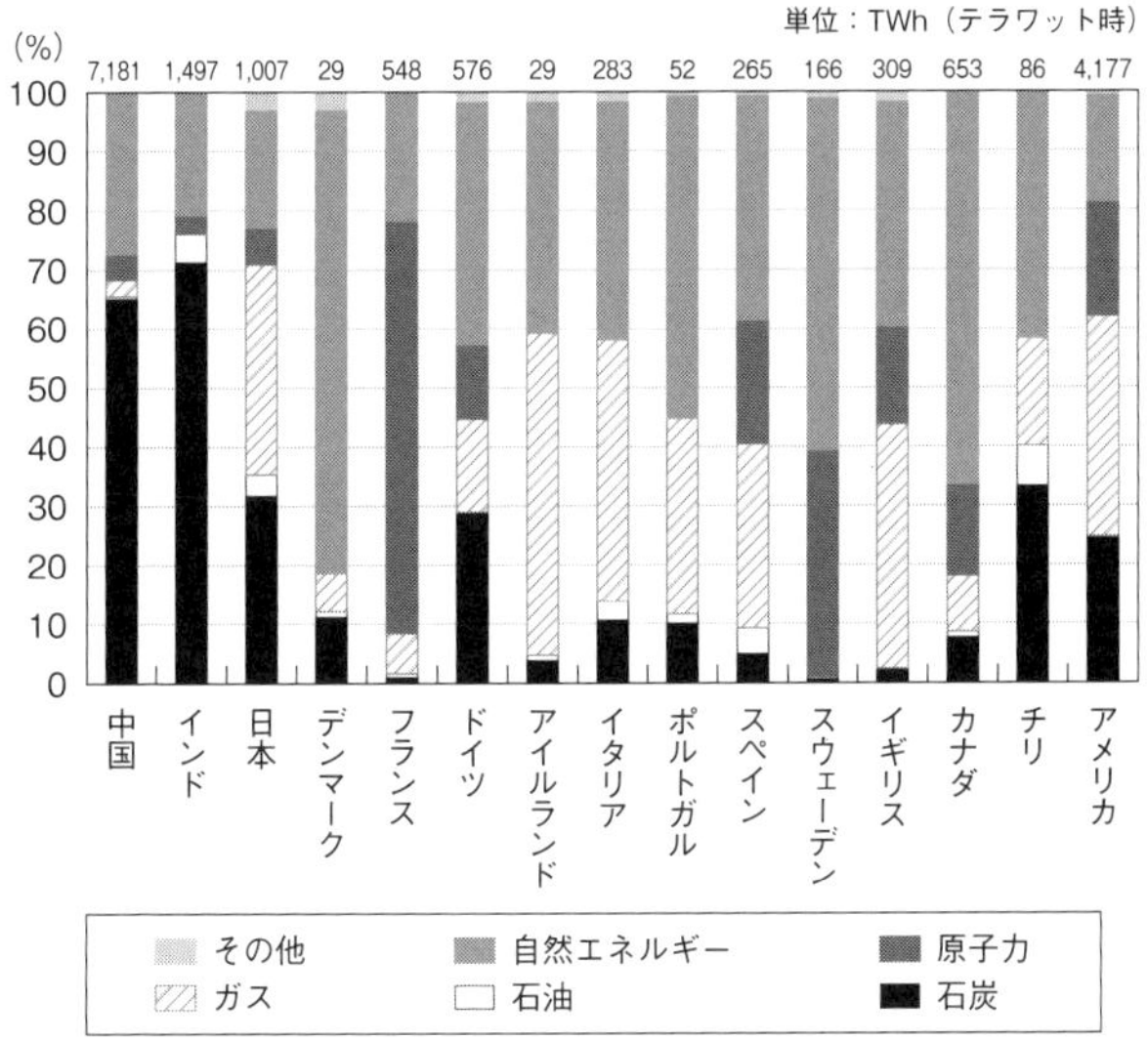

出典：https://www.renewable-ei.org/statistics/international/

のは、①の「CO_2排出量／エネルギー消費量」が高いからだ。つまり、「エネルギー供給の脱炭素化」が進んでいないのである。

そこで化石エネルギーへの依存度や電源構成を見てみると（前ページ図表）、欧州諸国などと比べ、明らかに石炭やガスなどの化石エネルギーへの依存度が高い。東日本大震災以降、原子力発電所がほとんど動いていないことに加え、再生エネルギーの比率が低いことが、日本のCO_2排出量が多い原因なのである。

国民は再エネを電力会社は原発を

ここまで見てくると、「二〇五〇年カーボンニュートラル」を実現するためには、まず「エネルギー供給の脱炭素化」が課題であることは明らかだ。

ところが担当の経済産業省は、ここに触れたがらない。「カーボンニュートラル」の方針が表明されたのち、二〇二〇年一一月六日の成長戦略会議で、早速、具体策が議論された。そこで経済産業省が提示した政策プランを見ると、「国際水素サプライチェーンの構築」や「藻《も》にCO_2を吸収させて生成するジェット燃料」など、夢に満ちた構想ばかりに力点が置かれている（https://www.cas.go.jp/jp/seisaku/seicho/seichosenryakukaigi/dai2/siryou7.pdf）。

もちろん、夢のような技術革新も大事なことだ。だが、その前に、現在の技術で可能な「エネルギー供給の脱炭素化」が課題であることは論を俟《ま》たない。これが置き去りにされがちなのは、厄介《やっかい》な難題であるからだ。

「エネルギー供給の脱炭素化」の手段は、当面の可能性としては、原子力によるか、再生エネルギーの供給拡大だ。

経済産業省は、本音では原発再稼働が最優先だが、ここは国民感情を考慮し、慎重に動かざるを得ない。一方、再生エネルギーを拡大しないといけないことは分かってはいるが、火力と原発を抱える大手電力会社の意向を考えると、そちらの方向に本気で舵《かじ》を切るわけにもいかない。結局、明快な答えを出せない難題であるわけだ。

安倍「経産省内閣」で起こった思考停止

振り返れば、安倍政権でのエネルギー政策は、難題に答えを出せないまま、漂流を続けてきた。原発に関しては、「原発依存度を可能な限り低減」と表明する一方で、その道筋はまったく不明なままだった。

たとえば原発の新設をどうするか、その方針も不明なまま、二〇三〇年の電源構成では、原発比率を「二〇〜二二％」と掲げ続けてきた。そして、処理水やバックエンド問題の解決もなされなかった。

再生エネルギーの拡大は、やらざるを得ないことは分かっていた。ゆえに、「二〇五〇年までに再生エネルギーの主力電源化」を目標として掲げた（二〇一八年、閣議決定「第五次エネルギー基本計画」）。

だが再生エネルギーの、第五次エネルギー基本計画における二〇三〇年の電源構成目標では、それ以前の「第四次エネルギー基本計画」の「二二〜二四％」が、そのまま据え置かれた。もちろんそんなペースで「二〇五〇年の主力電源」になるわけがなく、要するに本気で掲げた目標ではないと、自ら吐露《とろ》したわけだ。

やらねばならないことと現実にできることとがチグハグになったまま、いずれは破綻すると分かっていながら、政策の漂流が続いた。こうした事態に陥ったのは、「経

一次エネルギー供給

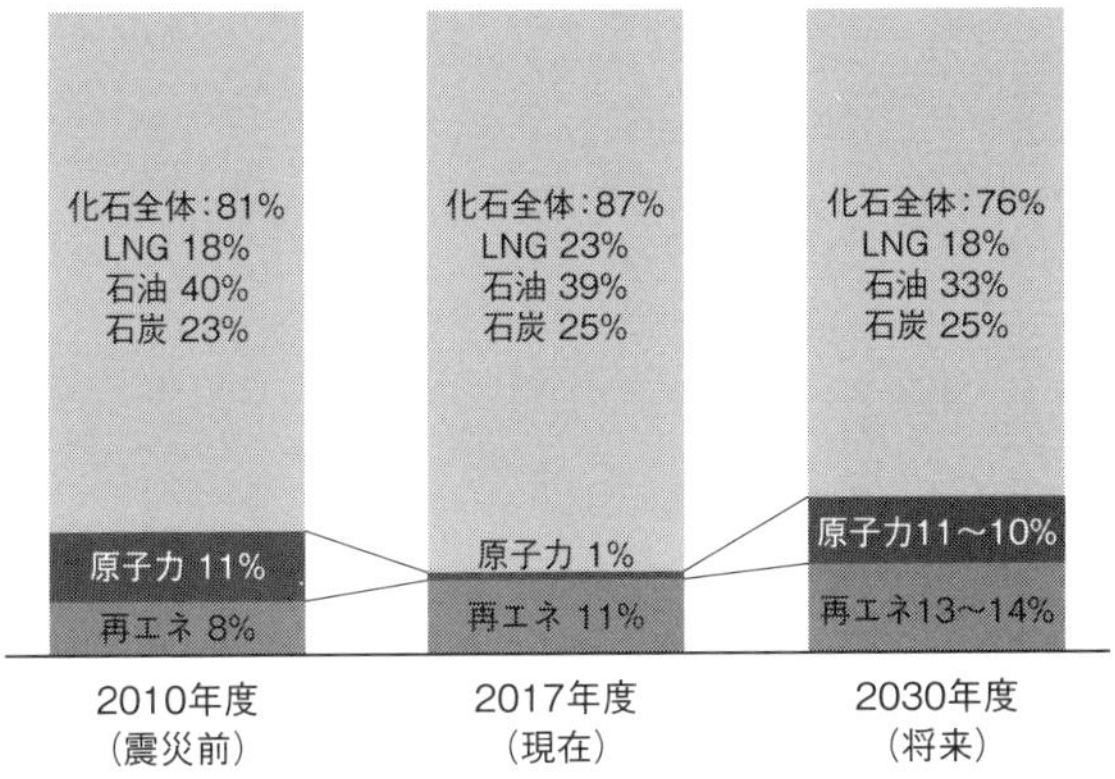
化石全体:81%
LNG 18%
石油 40%
石炭 23%
原子力 11%
再エネ 8%
化石全体:87%
LNG 23%
石油 39%
石炭 25%
原子力 1%
再エネ 11%
化石全体:76%
LNG 18%
石油 33%
石炭 25%
原子力11〜10%
再エネ13〜14%
2010年度
(震災前)
2017年度
(現在)
2030年度
(将来)

電源構成

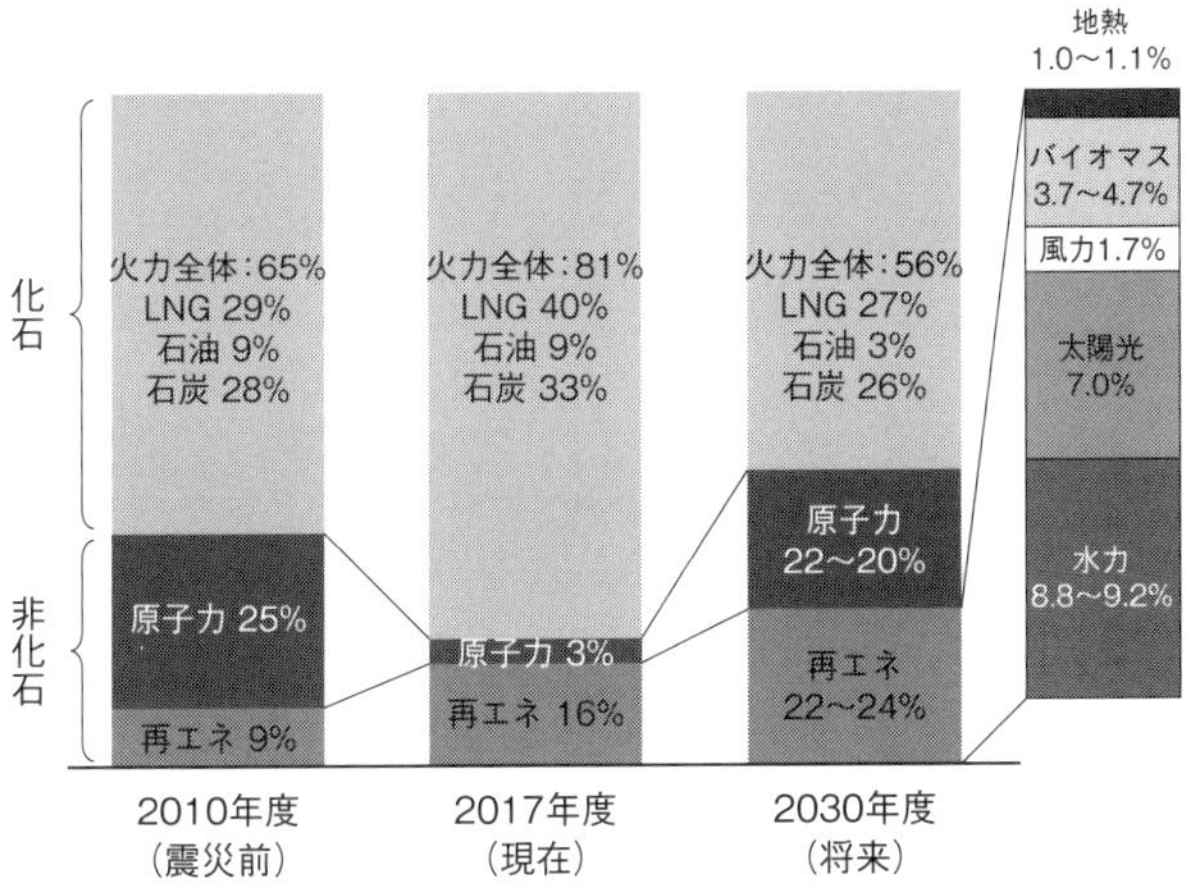
化石
非化石
火力全体:65%
LNG 29%
石油 9%
石炭 28%
原子力 25%
再エネ 9%
火力全体:81%
LNG 40%
石油 9%
石炭 33%
原子力 3%
再エネ 16%
火力全体:56%
LNG 27%
石油 3%
石炭 26%
原子力
22〜20%
再エネ
22〜24%
地熱
1.0〜1.1%
バイオマス
3.7〜4.7%
風力1.7%
太陽光
7.0%
水力
8.8〜9.2%
2010年度
(震災前)
2017年度
(現在)
2030年度
(将来)

産省内閣」といわれたように安倍政権では経済産業省の影響力が強く、その思考停止状態を、政治の力で突破できなかったためである。

菅政権で取り組むべき課題は、まずエネルギー政策の漂流を断ち切り、原発をどうするのか、再生エネルギーをどう拡大するのか、現実に即したプランを描き直すことだ。難題だが、ここに切り込まずに「脱炭素」を唱えても、未来の夢を無責任に語るだけに終わりかねない。

発送電分離のあとも残る電力市場の歪み

具体的なプランをどう描くにせよ、再生エネルギーに本腰を入れ、「二〇三〇年に二二〜二四％」の電源構成比に大幅な上積みをすることが不可欠なはずだ。少なくとも、これから原発を大量に増設するようなことは、およそ現実的ではないからだ。

再生エネルギーの本格的な拡大を阻害する要因の一つが、エネルギー政策の漂流だった。政府が再生エネルギーをいずれ主力電源化するといっているものの、本気には見えない状態では、民間事業者は思い切った投資に踏み切れない。

　そして、より根本的な阻害要因が、電力市場の構造の歪《ゆが》みである。もともと電力市場では、大手電力会社（一〇電力会社）が消費者向け小売りの地域独占を認められ、支配的な地位を占めてきた。

　大手電力会社は、伝統的に原発や火力発電などに依存するビジネスモデルで成り立っている。そのため多くの大型施設を抱えており、そう簡単に再生エネルギーに舵を切るわけにはいかない。

　一方で、新たな事業者が再生エネルギー発電に参入しようとすると、市場を支配する大手電力会社に阻まれてしまうという構造だった。たとえば、送電網への接続で不利な条件を押し付けられるなどしてきた。この構造が、再生エネルギーの導入拡大を阻んできたのだ。

　問題を解消するため、民主党政権下で固定価格買い取り制度（ＦＩＴ）が導入され、初動段階では再生エネルギーを強力に補助することになった。さらに、安倍政権で電力自由化が進められ、大手電力会社による支配構造を弱めるような改善も図られた。小売りが自由化され、各家庭で電力会社を選べるようになり、二〇二〇年には発送電分離も実施された。

しかし結論からいうと、電力市場の歪みはいまだに残され、大手電力会社は支配的な力を維持したままだ。

たとえば、発送電分離で送電網は切り離されたが、発電と小売りは基本的に一体で運営されている。東京電力と中部電力では発電と小売りを別会社が行っているが、とはいえ、同じホールディングスの傘下にある。

発電市場の八割を大手電力会社が支配しているから、自社の小売部門に対してだけ安価に電力供給をすれば、小売市場でも有利な立場に立てるのだ。

電電公社の民営化後に行ったこと

実際に、大手電力会社による不当廉売《れんばい》など、新規参入者を追い落とそうとする動きも見られた。二〇二〇年七月、電力・ガス取引監視等委員会から「旧一般電気事業者の発電・小売間の不当な内部補助を防止するための要請」が出されたが、要するに、健全な競争環境にはなっていないということだ。

「規制改革」の考え方では、これは改革の未了を意味する。

先述の通り、かつては「規制緩和（deregulation）」という言葉が用いられたが、一九九〇年代頃から「規制改革（regulatory reform）」と言い換えられるようになった。考え方は、「規制は単にすべてをなくせば良いのではなく、必要なルールは設けて競争を促進し、市場が適正に機能するようにしなければならない」ということだ。

たとえば、一九八〇年代に電電公社を民営化して通信自由化がなされた当時、NTTは巨大な存在であり、ただ新規参入が可能だといっても、独占状態が続くだけであった。そこで、支配的事業者には特別な義務を課す「非対称規制」を導入し、市場メカニズムを実質的に機能させることを図った。

これが成功して、通信産業は大きく変貌した。なお、菅政権は携帯市場の寡占《かせん》状態を問題にしているが、ここでも市場メカニズムが機能するような改革が必要である。

さて電力の分野では、周回遅れで本格的な自由化に踏み出した。これまでのところ「規制緩和」（自由化）はなされたが、「規制改革」（競争促進＝市場の歪みの解消）の観点では、まだまだ道半ばである。

電力自由化をさらに前進させ、市場の歪みの解消に取り組む必要がある。再生エネルギーの本格的な拡大を本気で進めるためには、避けて通ることのできない課題だ。

新電力市場で得た一・六兆円も火力設備更新に

こうした市場の歪みの問題が噴出した一例が、二〇二〇年夏に入札のなされた「容量市場」だ。電力には、卸電力市場や先物市場など複数の市場があるが、容量市場はその一つであり、二〇二〇年から運営が始まった。

少しややこしい話になるが、ごく簡単に容量市場の仕組みを説明しておく。まず、卸電力市場などで取引されるのは「電力量（kWh）」であるのに対し、容量市場では「四年後の供給力（kW）」が取引される。中長期の電源投資を安定的に行い、供給力を確保する目的で、この市場は創設されたのだ。

買い手は国の外郭機関である電力広域的運営推進機関（OCCTO）。まず人為的な需要曲線を設定、そして売り手の発電事業者が入札し、オークションが実施される。OCCTOが支払った金額は、小売事業者が需要シェアの比率に応じるなどして

電源投資のタイミングによる供給力の推移イメージ

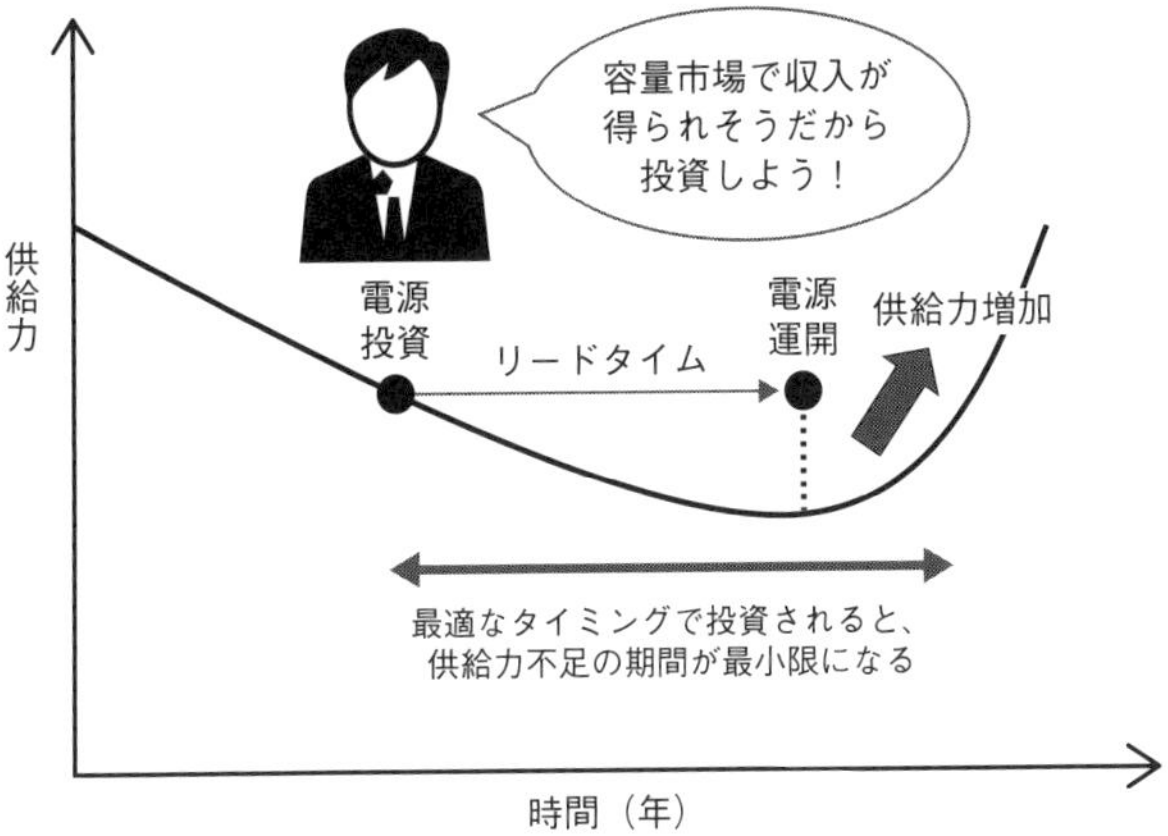

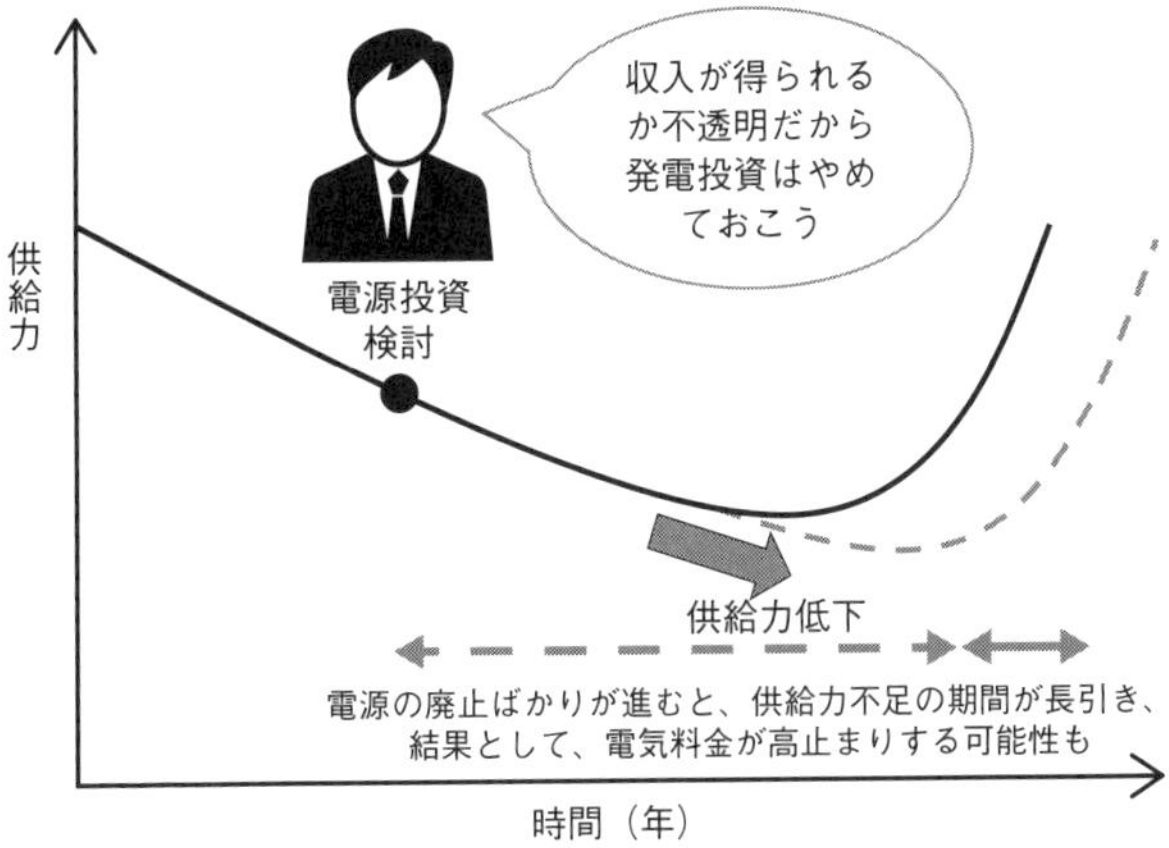

出典：https://www.occto.or.jp/capacity-market/shikumi/capacity-market.html#haikei

負担する仕組みだ。

二〇二〇年夏に初めて行われた入札では、他国の事例から見れば異常な高値（kW当たり一万四一三七円）で約定《やくじょう》され、発電事業に約一・六兆円が渡ることになった。

この結果については、マスコミなどでも既に種々の問題が指摘されているが、根源的な問題は、市場の歪みがさらなる歪みを招いている、ということだ。

というのも、約定価格が高額になっても、大手電力会社は、発電と小売りの双方を抱えているので、別に何も困らない。一方で、発電部門を有さない新電力会社は、異常な負担だけを強いられ、事業継続が危ぶまれるレベルの打撃を受けるからだ。

結果として、大手電力会社の支配構造は、さらに強まりかねない。打撃を受ける新電力会社には、再生エネルギーを主に扱う事業者も含まれるのだが、この約一・六兆円の相当部分は老朽化した火力発電の維持に充てられ、設備の入れ替えを阻害する効果もあり、二重三重に再生エネルギーの拡大とは逆行する動きになったわけだ。

容量市場の問題は、電力市場の歪みが噴出した一例に過ぎない。こうした歪みを解消していくことこそが、菅政権に求められる課題なのである。

終章

新聞と国会議員のファクトチェック

＊本章は原英史が担当しました。

ファクトチェックでは保守派の言論がターゲットに

原は二〇二〇年四月、問題意識を共有する関係者とともに、オンライン上で「情報検証研究所」を立ち上げた。マスコミ、政府発表、国会論戦、ネット情報など、様々な媒体で、いい加減な情報が乱れ飛んでいる。そこで媒体を問わず、事実に基づく検証（ファクトチェック）を行い、レポートや動画で公開しているのだ。

二〇二〇年を振り返れば、コロナ禍や大阪都構想などにおいて、フェイクニュースは百花繚乱《ひゃっかりょうらん》状態だった。こうしたことが、大阪都構想における二一八億円のコスト増を煽《あお》った「誤報」のように、菅政権の改革の足を引っ張るようになってはいけない。

さて日本では、これまで新聞社がネット情報や政治家の発言などを検証するのがファクトチェックの中心だった。特にファクトチェックに熱心なのが毎日新聞や東京新聞などである。このほかに独立したファクトチェック機関もちらほらと活動を始めているが、まだまだ少ない。

こうした検証活動では、どちらかというと保守派の言論がターゲットにされるケースが多かった。たとえば、毎日新聞のファクトチェック記事一覧を見ると、検証対象として、ジャーナリストの櫻井《さくらい》よしこ氏、フジテレビ解説委員、杉田水脈《すぎたみお》衆議院議員、三原《みはら》じゅん子《こ》参議院議員などの発言が並ぶ。いかにも毎日新聞とは意見が合わなそうな人たちだ。

こうした状況に対し、保守サイドから「ファクトチェックなどと称しているが、ターゲットが偏っている」「内容も結論が先にありきで、結局、反対の言論を攻撃しているだけだ」といった批判が高まった。ファクトチェックという活動そのものがいかがわしいと否定する向きもある。

しかし、偏りに目くじらを立てても仕方がない。ファクトチェックという枠組み自体は有用であり、あとは多様な方向からファクトチェックがなされ、互いに切磋琢磨《せっさたくま》すれば良いのだ。

ファクトチェックのファクトチェックを

ファクトチェックという枠組みは「戦時国際法」のようなものだ。

戦時国際法は、いかに戦争下にあるとはいえ、非人道的な行為は許されないとして、ある種のルールを設定している。そして、このルールが設定されることには大きな意味がある。ルール違反をしたプレイヤーは国際社会での信頼を失い、地位が低下していくことになるからだ。

ファクトチェックはこれと同様であり、「言論闘争で、事実を逸脱した言論は許されない」とのルールを設定することなのだ。

これは本来、言論の世界では当たり前のルールなのかもしれないが、現実にはデタラメな発言や情報が横行し、言論空間の無法状態化が進行している。そんななかでファクトチェックという枠組みを提示し、改めてルールを明確にすることは、十分意味のあることだと思う。

そして、ここから先は戦争とは違う点だが、あとはプレイヤーがどんどん参戦し、大いに言論闘争を繰り広げたら良い。完全中立な神のようなファクトチェック機関など存在するわけがなく、そうである以上、多様なファクトチェック機関が切磋琢磨することが好ましいといえる。

ファクトチェックの主体同士による「ファクトチェックのファクトチェック」も大いに結構。そうしたなかで、ルールを守って好プレーを連発する有力プレイヤーと、ルールを守れないダメなプレイヤーは、自ずとはっきりする。この切磋琢磨を通じて、言論空間はより良いものになっていくはずだ。

新聞紙面とサブチャンネルの開放を

世間的には、フェイクニュースとは、主にネット上に流れる怪しい情報や、いい加減な政治家の発言を意味すると考えられている。リテラシーの高い人ならば、「ネット情報よりも、むしろ新聞やテレビのほうがデマだらけだ」というかもしれないが、世間一般の主流ではない。

だから新聞は、いまも自分たちは怪しげなネット情報を「検証する側」だと固く信じ、自分たちが「検証を受ける側」になることなど、思いもよらない。

ある大手通信社出身の人物が著したフェイクニュース関連の本を読んでみたら、全般的に「ネット情報を鵜呑《うの》みにしてはいけない」との文脈で書かれ、「主要メディアはフェイクニュースを発信しない（主要メディアのニュースをシェアするのは安全だ）」との記載まであった。あまりの無邪気さに、失礼ながら失笑してしまったが、内部の人がこんな感覚だからこそ、マスコミ報道がデタラメだらけになるわけだ。

ここで新聞各社に提案したいことは、自社の記事を他機関がファクトチェックしたら、その検証記事に対し、自らの紙面を開放することだ。

たとえば、毎週一回、定期的に一〜二面程度を「読者の声」コーナーのように開放し、自らの記事を間違いと指摘する検証記事を掲載する。それに対し反論があるならば、さらに自らの記事で事実を示して反論したらいい。

もちろん、自らの信憑性《しんぴょうせい》に疑義を呈する記事の掲載には抵抗があろうが、「社会の公器」と称するなら、それぐらいの度量を示しても良いだろう。

同様にテレビ各局は、自社の番組に対する検証番組に放送枠を提供する。サブチャンネルを含めれば放送枠はたくさんあるのだから、これを開放して、ファクトチェック機関が制作する番組を流す。

たとえばＮＨＫが「ＮＨＫのニュースやドキュメンタリーのここが間違い」と指摘する番組を敢《あ》えて流し、見方が分かれるときは、最終的に視聴者に判断を委ねる。こうした姿勢で番組を提供すれば、結果的に番組への信頼性は格段に高まるはずだ。

このアイデアには、実は元ネタがある。猪瀬直樹《いのせなおき》氏原作、弘兼憲史《ひろかねけんし》氏作画の漫画『ラストニュース』（一九九一～一九九五年）だ。

これは、架空のキー局で、平日夜の一一時五九分からわずか一一分間流されるニュース番組「ラストニュース」を描いたもの。番組のコンセプトは「マスメディアがマスメディアを自己批評して検証する」――自社を含む報道各社の流すニュースの間違いを暴《あば》き、業界のタブーにも切り込む物語だ。

実は猪瀬氏と雑談していた折、「情報検証研究所」のことに触れたところ、「それ、ずいぶん前に漫画にしたんだよ」といわれ、慌てて電子書籍で読んだ。フェイクニュースという言葉が広まるはるか前に、マスメディアの権威が現在よりも格段に高かった三〇年近く前に、この問題を提起していた猪瀬氏の慧眼《けいがん》には脱帽するよりほかない。

敬意を表し、以上の提案を「ラストニュース方式」と呼ぶことにしたい。

毎日新聞が「大阪都構想」で行った故意の「誤報」

社会の公器どころか、新聞が「言論無法状態」のなかで主要プレイヤーになってしまったのが、「まえがき」に記した毎日新聞の「大阪都構想二一八億円問題」に関する記事だ。

先述の通り毎日新聞は、「大阪都構想」の住民投票の直前、「市四分割　コスト二一八億円増　大阪市財政局が試算」と報じた。ところが、この「二一八億円」は「大阪都構想」の四つの特別区に分割する場合ではなく、四つの政令市に分割した場合のコストの試算であることが判明した。その後、大阪市は「あり得ない数字だった」として、試算を撤回している。

この記事が、住民の意思決定に相当の影響を及ぼした可能性は否《いな》めない。

というのも一般の人には、この記事は「大阪都構想で二一八億円のコスト増」との意味にしか読めない。住民投票を控えるなか、まったく議論のなされていない「四政令市分割構想」のコストを一面トップで報じることは、常識的にいってあり得ないからだ。

毎日新聞を後追い報道したNHKや朝日新聞は「大阪都構想で……」と報じたため、当然、住民はそう理解したことだろう。

問題が根深いのは、毎日新聞自身は、最初から「大阪都構想のコストではない」と分かっていたことだ。

記事には、文面をよくよく見ると「四つの自治体に分割した場合」と書いてあった。「特別区」と「自治体」という言葉を使い分け、間違ったことは書いていないと言い逃れができるようにしてあったわけだ。

後追い報道をしたNHKなどが記事訂正に追い込まれたのに対し、毎日新聞だけが訂正しない姿勢を貫いたのは、このためである。

「国家戦略特区」でも執拗な誹謗中傷キャンペーン

原は、この光景に見覚えがある。実は別件で、毎日新聞と訴訟係争中なのだ。

前述の通り二〇一九年六月、毎日新聞は、一面トップで原の顔写真を掲載し、国家戦略特区の民間提案者から二〇〇万円を受領し、会食接待も受けたなどと、事実無根の記事を掲載した。

その後の一ヵ月で一一回（うち一面で七回）にも及ぶ執拗《しつよう》な誹謗中傷《ひぼうちゅうしょう》キャンペーンがなされた。原は繰り返し記事が間違っていると指摘したが、訂正がなされないので、やむなく訴訟を提起した。

このときも毎日新聞は、「原が二〇〇万円受領」としか見えない記事を掲載したが、訴訟になると「記事に『原が二〇〇万円受領』とは書いていない」と主張した。記事の文面には、確かに、よくよく見ると「別の会社が二〇〇万円受領」と書いてある。ここでも、そんな事実はないと、最初から分かっていたわけだ。

明らかなのは、どちらも、うっかり間違った「誤報」ではないということだ。事実ではないと分かっていながら、そうとしか読めない記事をわざわざ掲載した「意図的な虚偽報道」としか考えられない。動機はそれぞれ、「大阪都構想を貶《おとし》める」「国家戦略特区を貶める」ことだったのだろう。

共産党市議の発言で露呈した「新・利権トライアングル」の連携

二つの記事の共通点はそれだけではない。もう一つの共通点は、「政治勢力や利権との連携関係」である。

「大阪都構想二一八億円問題」の記事は、反対派の自民党市議が大きく拡大してパネルを作り、街頭演説に活用した。これも、原にとっては見覚えのある光景だ。「国家戦略特区二〇〇万円問題」の記事は、森ゆうこ参議院議員がパネルにして国会に持ち込み、ＮＨＫの中継がある国会質問で、原が犯罪相当の不正行為を行ったと、大いに宣伝した。

この事案では、おそらく背後に、国家戦略特区における規制改革に反対する省庁や利権団体がいたはずだ。加計学園問題でも同様のことがあった。

規制改革をなんとかして潰したいのだが、規制改革を唱える政権に抗するだけの気概や理屈は持っていない利権組織が、マスコミと野党の裏に隠れて抵抗するのだ。

それが、第1章で述べた「新・利権トライアングル」（利権組織、マスコミ、野

「新・利権トライアングル」（vs. 国家戦略特区）

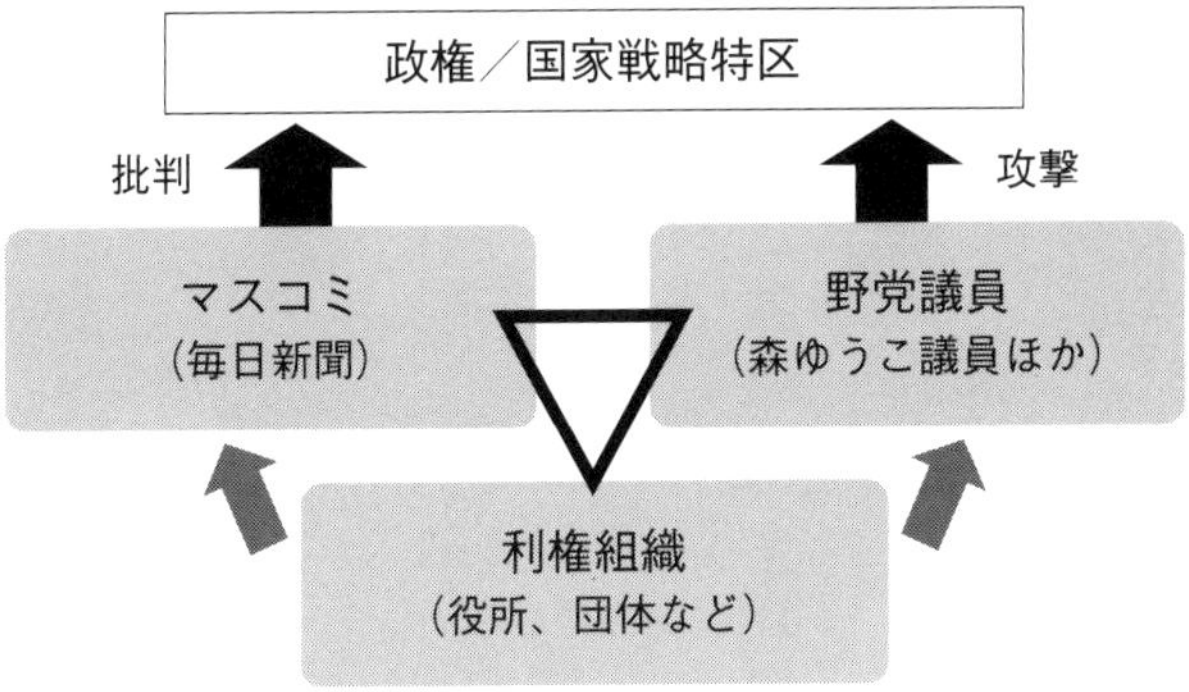

「新・利権トライアングル」（vs. 大阪都構想）

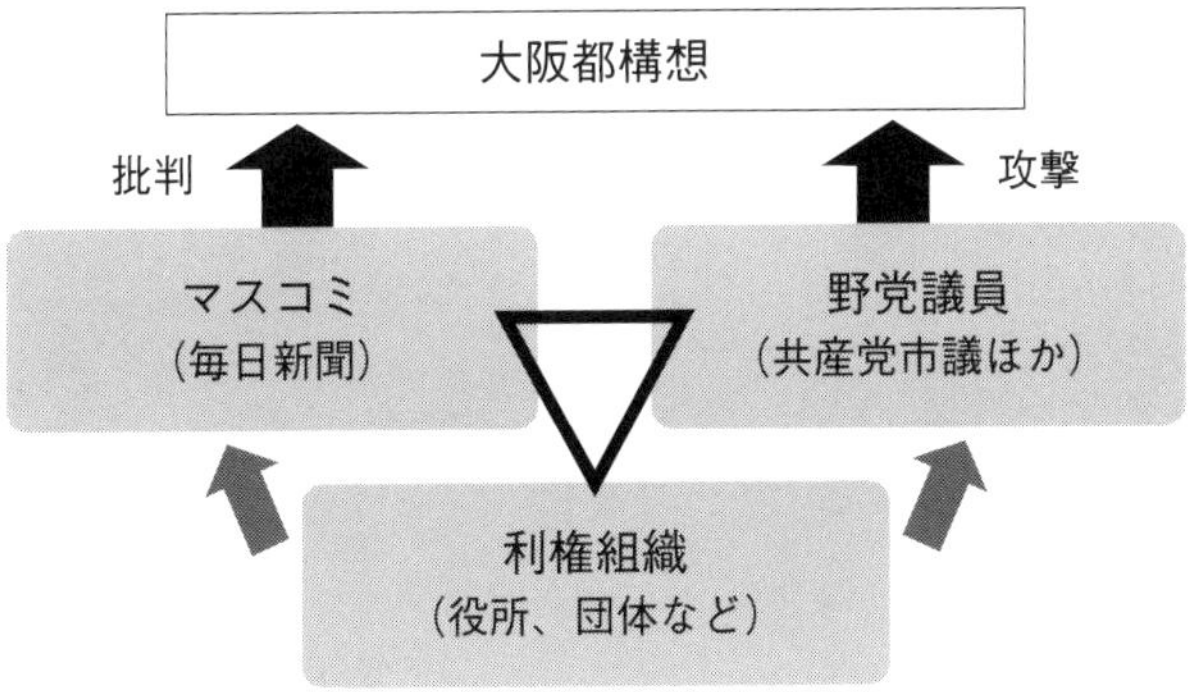

党）である。菅政権の改革も、こうした面々が潰そうとしている。

「大阪都構想二一八億円問題」にも、まさに「新・利権トライアングル」の構図があった。都構想には反対だが、正面から知事や市長に抗することができない市役所や利権組織、その思惑に沿って記事を掲載するマスコミ、記事を利用する反対派の政治家が結集したのだ。

共産党の大阪市議が記事の掲載前に「二一八億円」の数字をメディアで語っていた事実などを見ると、水面下における「新・利権トライアングル」の連携が露呈したともいえる。

毎日新聞は特定勢力の「工作機関」なのか

共通点はまだある。「報道前の情報漏洩《ろうえい》」だ。

「大阪都構想二一八億円問題」の記事に関しては、その後、記者が下書き段階の原稿を市役所職員に見せていたことが明らかになった。通常ではあり得ないことで、記者と市役所職員の不適切な癒着を疑われても仕方ない。さすがにこれに対しては、毎日新聞も「軽率であった」とコメントした。

原の事案では、二〇〇万円受領という記事の続きで記者が取材していた内容を、なぜか記事の掲載前に森ゆうこ議員が知っており、それを国会で質問した。これに対しては、毎日新聞はノーコメントを貫いているが、記事の掲載前に政治家へ取材内容を提供したとすれば、報道機関としてはあり得ない異常な行動だ。

その昔、毎日新聞の西山太吉《にしやまたきち》記者が日本社会党の議員に外務省極秘電文のコピーを渡して国会で追及させたことがある。いわゆる「西山事件」だ。毎日新聞は、このときの教訓を忘れてしまったのだろうか。

「意図的な虚偽報道」「政治勢力や利権組織との連携関係」「報道前の情報漏洩」……これらの共通点から浮かび上がるのは、毎日新聞は、特定勢力に利用され、いわば下請け機関として「情報工作」を行っていたのではないかという疑念だ。

もしそうならば、毎日新聞は報道機関とはいえない。もはや特定勢力のための「工作機関」である。

毎日新聞にはぜひ、自らの紙面を開放して、記事をファクトチェックする検証記事を掲載してもらいたい。呑気《のんき》に櫻井よしこ氏らの発言をファクトチェックしている場合ではない。

さらに、これら事案における取材や報道の過程を検証し、本当に報道機関として活動していたのかどうか、国民の前に明らかにする必要がある。社会の公器と称し、特例的に消費税の軽減税率まで適用されている以上、当然の説明責任だ。

ところが、毎日新聞が自ら対応しようとする気配は見えない。それならば、日本新聞協会が検証に乗り出すべきだ。

特定勢力に利用されてはならないことは、新聞社の根幹に関わることで、「新聞倫理綱領」にも定められている。日本新聞協会は、業界全体の信用、新聞というメディアの信用を守るため、会員企業の活動を検証し、必要があれば定款に基づく処分を下さねばならないはずだ。

ネットメディアを見倣うべきは新聞

先述の通り、社会一般の通念では、ネットメディアは新聞より低レベルであり、フエイクニュースの巣窟《そうくつ》とされる。だが原の経験上、そんなことはない。
二〇二〇年六月、まったく面識のない国会議員が、原に対する誹謗中傷《ひぼうちゅうしょう》を含んだ記事を月刊誌に寄稿し、ネット上では「ハーバー・ビジネス・オンライン」などに、あるときは「参照：しんぶん赤旗」などと注記を付けて転載されたこともあった。

〈衆議院議員　亀井亜紀子《かめいあきこ》（『月刊日本』二〇二〇年七月号）
「スーパーシティ構想の実現に向けた有識者懇談会」座長代理は、コンサルティング会社「政策工房」社長の原英史さんが務めています。彼もまた竹中《たけなか》（平蔵《へいぞう》：引用者注）さんと同じように国家戦略特区諮問会議の民間議員を務めています。二〇一八年には漁業法が改正され、漁業権が漁協から取り上げられて知事権限になりましたが、特区ワーキンググループ委員を務めている原さんが、真珠養殖の拡大を目指す真珠販売会社社長の相談に乗っていたことが問題になりました〉

この議員はどうやら、先に触れた毎日新聞の虚偽報道や森ゆうこ議員の国会質問に触発され、原を「問題になった人物」呼ばわりしたようだが、とんでもない話だ。ちなみに、しんぶん赤旗に、そんな記事は掲載されていない。

さらには、およそあり得ない疑惑をにおわせている。たとえば前記文面では「真珠販売会社の要望に沿って漁業法改正がなされた」といいたいらしいのだが、もともと真珠養殖では漁協に優先権がないので、論理的にもあり得ない。デタラメで、話にならない内容だった。

原は、この国会議員のことも月刊誌のこともよく知らない。だが、影響力のあるネットメディアで誹謗中傷を拡散されるのを看過することはできない。そこでネットメディアの問い合わせ窓口に連絡し、デタラメな内容であることを伝えたところ、迅速《じんそく》に記事を削除してくれた。

この事例から見る限り、ネットメディアには、確かにフェイクニュースが多いかもしれない。しかし事後の対応は、新聞に比べてずっと誠実だ。

いくら間違いを指摘しても訂正しようとしない毎日新聞をはじめ、日本新聞協会に属する新聞各社の方々には、ぜひ、こうしたネットメディアの対応を見倣《みなら》ってもらいたい。

国会議事録が拡散する劣悪な言論

新聞よりも、さらに事後対応がなっていない低劣なメディアがある。それは、国会議事録である。

ネットメディアに削除依頼をした記事の事案では、この亀井議員は、国会でも同じような発言をしていた。

〈二〇二〇年四月七日　衆議院地方創生に関する特別委員会　亀井亜紀子議員（抜粋）〉

「スーパーシティ」構想の実現に向けた有識者懇談会の名簿、七人の名前が並んでおります。その中で、座長は竹中平蔵《たけなかへいぞう》さん、座長代理が原英史さんですよ。この原英史さんは、漁業法の改正のときにもワーキンググループで名前が出てきて、真珠販売会社から要望をヒアリングして、内閣府にも言ったんだけれども、そのときの議事録は作成されていなかったということで、随分追及を受けた人物ですし、また、株式会社特区ビジネスコンサルティングというところにも関係していたということでも指摘をされている人です〉

ネットメディアの記事は削除されたが、こちらはそのまま国会議事録に残り、ウェブで公開され続けている……現状では、これを削除してもらおうと思っても、不可能なのである。

なぜか？　国会内での議員の発言には憲法上の免責特権があり、訴訟などによって争うことはできない。国会での対処を求めても、取り合ってもらえる可能性は、まずない。

ちなみに、森議員が原を犯罪者扱いにした国会質問も、同様に、国会議事録に残っている。このときは国会に請願を提出した。だが、「請願の採択は全会一致が必要である」との慣行に阻まれ、事実上の門前払いとなった。

なお、原は森議員とも訴訟係争中だが、これはネットで自宅住所を晒したことなど、森議員の国会外の行為を対象にしている。しかし国会での発言そのものは、これ以上争いようがない。

こうして国会議事録は、まともなネットメディアならばすぐに削除するような劣悪な言論を、野放図《のほうず》にばらまく媒体になっている。

もちろん高い見識に基づく有意義な議論も数多くなされているが、劣悪な部分に目を向ければ、三流ゴシップメディア以下だ。

国会論戦にもファクトチェックが必要だ。猪瀬氏の「ラストニュース方式」で、国会議事録の最後に、当事者の反論やファクトチェック機関の検証記事を掲載する仕組みを設けるべきだ。これは立法府で議論すべき課題だが、菅政権が「新・利権トライアングル」を打破して難題に取り組むうえで、重要なピースの一つになる。

著者　髙橋洋一（たかはし・よういち）
内閣官房参与、株式会社政策工房代表取締役会長、嘉悦大学教授。1955年、東京都に生まれる。東京大学理学部数学科・経済学部経済学科卒業。博士（政策研究）。1980年、大蔵省（現・財務省）入省。理財局資金企画室長、プリンストン大学客員研究員、国土交通省国土計画局特別調整課長、内閣府参事官（経済財政諮問会議特命室）などを歴任し、2006年より内閣参事官。2007年に財務省が隠す国民の富「埋蔵金」を公表し、一躍、脚光を浴びる。2008年、退官。著書には、山本七平賞を受賞した『さらば財務省！』（講談社）などがある。

著者　原 英史（はら・えいじ）
株式会社政策工房代表取締役社長。通商産業省（現・経済産業省）入省後、規制改革・行政改革担当大臣補佐官などを歴任して退職。2009年に株式会社政策工房を設立。国家戦略特区ワーキンググループ座長代理、大阪府・市特別顧問、NPO法人万年野党理事なども務める。著書には、『岩盤規制』（新潮新書）、『国家と官僚』（祥伝社新書）などがある。

スガノミクス

菅政権が確実に変える日本国のかたち

2021年１月15日　第１刷発行

著　者　髙橋洋一・原 英史
装　幀　川島 進
カバー写真　ゲッティイメージズ
発行人　間渕 隆
発行所　株式会社白秋社
〒102-0072
東京都千代田区飯田橋4-4-8 朝日ビル5階
電話　03-5357-1701
発売元　株式会社星雲社（共同出版社・流通責任出版社）
〒112-0005
東京都文京区水道1-3-30
電話　03-3868-3275／FAX　03-3868-6588
本文組版　朝日メディアインターナショナル株式会社
印刷・製本　モリモト印刷株式会社
校正者　得丸知子

ISBN 978-4-434-28463-2